दलित ब्राह्मण

दलित ब्राह्मण

शरण कुमार लिंबाले

अनुवाद

निशिकांत ठकार

वाणी प्रकाशन

वाणी प्रकाशन
4695, 21-ए, दरियागंज, नयी दिल्ली 110 002
फ़ोन : +91 11 23273167 फ़ैक्स : +91 11 23275710

शाखाएँ

अशोक राजपथ, पटना 800 004, बिहार

कॉफ़ी हाउस कैम्पस, महात्मा गांधी मार्ग, इलाहाबाद 211 001, उत्तर प्रदेश

महात्मा गांधी अन्तरराष्ट्रीय हिन्दी विश्वविद्यालय, वर्धा 442 001, महाराष्ट्र

सुल्तानिया रोड, मोतिया पार्क, भोपाल 462 001, मध्य प्रदेश

www.vaniprakashan.com
marketing@vaniprakashan.in
sales@vaniprakashan.in

DALIT BRAHMAN
by Sharan Kumar Limbale
Translated by Nishikant Thakaar

ISBN : 978-81-8143-113-4
Novel/Dalit Literature

संस्करण 2004, 2005, 2008, 2013
आवृत्ति 2020

मूल्य : ₹ 300

सिटी प्रेस, दिल्ली-110 095 में मुद्रित

वाणी प्रकाशन का लोगो मक़बूल फ़िदा हुसेन की कूची से

लक्ष्मण गायकवाड

ओमप्रकाश वाल्मीकि

मोहनदास नैमिशराय

और

जयप्रकाश कर्दम

इन मित्रों के लिए

– शरण कुमार लिंबाले

शरणकुमार लिंबाले से मेरा परिचय उनकी आत्मकथा *अक्करमाशी* से हुआ। पढ़कर मैं लगभग स्तब्ध रह गया। पहली प्रतिक्रिया हुई : वीभत्स, मगर आग के शोलों की तरह सच...मैंने **हंस** में लगातार इस पर समीक्षा और बहसें छापकर हिन्दी जगत का ध्यान आकर्षित करने की कोशिश की। आज लिंबाले भारतीय साहित्य के सबसे सशक्त दलित लेखकों में से एक हैं।

इसी सिलसिले में 'दलित ब्राह्मण' की कहानियाँ देखी तो लगा कि लिंबाले का सारा लेखन सवर्ण समाज के खिलाफ टुकड़े-टुकड़ों में दिया गया ऐसा आरोपपत्र है जो स्वयं हमसे ही पूछता है कि *बता तेरी सज़ा क्या है?* ये जिन बेचैन कर देने वाली और आत्म-दर्शन के लिए मजबूर करने वाली कहानियाँ हैं। इन्हें पुराने 'आनंदवादी' या सूक्ष्म बौद्धिक दृष्टिकोण से पढ़ा ही नहीं जा सकता। ये उन लोगों की कहानियाँ हैं जिन्हें हमने हज़ारों सालों से सिर्फ जानवर बनाकर रखा है और जिन्होंने स्वयं इस नियति को स्वीकार कर लिया है कि वे जानवर ही हैं और उनका जीवन-मरण मालिकों के हाथों में है। लिंबाले की ये कहानियाँ इस नियति के अस्वीकार की ही कहानियाँ नहीं हैं, मालिकों के सामने खड़े होकर गुस्ताख़ सवाल भी पूछती हैं कि ऐसा क्यों है और क्या हमेशा ही ऐसा चलेगा? इस आरोपपत्र पर सिर्फ़ लिंबाले के नहीं, सारे दलित लेखकों के हस्ताक्षर हैं।

मराठी और हिन्दी के सारे दलित लेखन को गुस्ताख़ी का साहित्य कहा जा सकता है जिसका प्रमुख स्वर है गुस्सा या आक्रोशः यह आक्रोश जहाँ एक ओर सुवर्णो की व्यवस्था को लेकर है तो दूसरी ओर अपनी स्थिति, नियति और लाचारी को लेकर। वह आरोपपत्र भी है और माँग पत्र भी। पहले यह सिर्फ ऐसी अपील होती थी जिसमें अपनी दयनीयता का बखान और मानवीय व्यवहार की याचना की जाती थी। ग़ैर दलितों द्वारा दलितों पर लिखा गया सारा साहित्य लगभग ऐसे ही याचना-पत्रों का संकलन है जहाँ उनकी कारुणिक अवस्थाओं के हवाले देकर सांस्कृतिक अपराधों के लिए सजा में कमी या क्षमा की प्रार्थना की गई है। उदार और विद्वान जज फैसला देते हैं कि यह सच है कि अपराधी ने लाचार होकर अपने

बचाव में आक्रमणकारी की हत्या की और दी गई स्थितियों में उसका ऐसा करना स्वाभाविक भी था, मगर अपराध तो अपराध ही है, उसे बिल्कुल माफ़ कैसे किया जा सकता है? यह वकीलों के माध्यम से न्यायाधीश के सामने प्रस्तुत किय गया मर्सी-पिटीशन था और इसमें दया के आधार पर बरी करने या सज़ा में कमी करने की अपील थी। यह वकील और जज के बीच आपसी संवाद था जिसकी भाषा 'अपराधी' पूरी तरह नहीं समझता था, क्योंकि इस भाषा को सीखने की न उसे अनुमति थी, न अवसर। वह शब्दों और हाव-भाव से कुछ अनुमान लगा सकता था कि बात उसी के बारे में की जा रही है। उन्हीं फ़ैसलों को हम गैर-दलितों द्वारा लिखा गया 'हरिजन' साहित्य भी कह सकते हैं। इन फैसलों की करुणा और मानवीय सरोकारों की चारों तरफ प्रशंसा होती थी और उन्हें 'ऐतिहासिक फैसलों' की सूची में रखा जाता था।

दलित साहित्य न इन फ़ैसलों को अप्रासंगिक बना दिया कि यहाँ वकील, जज और प्रशंसा करनेवाले तीनों लगभग एक ही वर्ग के ग़ैर-दलित लोग थे—दलित बाहरी व्यक्ति था और उससे अपेक्षा की जाती थी कि इस पर वह तालियाँ बजाए। बहुत दिनों बिना भाषा समझे उसने बजायी भी। मगर जैसे-जैसे वह इस भाषा और मुहावरे की बारीकियाँ समझता गया, उसकी बेचैनी बढ़ती गई। परिस्थितिजन्य साक्ष्यों के आधार पर तैयार किए गए इन फ़ैसलों में उसकी अपनी आत्मा और बात कहाँ थी? हाँ, उसे अपराध-मुक्त जरूर कर दिया गया था या सज़ा पर सहानुभूतिपूर्वक विचार के बाद सज़ा में कमी करने का आग्रह था। बाइज्जत बरी किए जाने में उसकी इज्जत कहाँ थी। कहाँ थी अन्य इज्जतदारों के बीच उसकी जगह? भूतपूर्व अपराधी या अछूत होने का ठप्पा उसे दूसरों जैसा सम्मान कहाँ देता था? वह उसे सिर्फ अपनों के बीच होने की उदार अनुमति देता था, अपनों जैसी स्वीकृति और सम्मान नहीं।

दलित साहित्य ने इस सारे परिदृश्य को बदल दिया। वह न्याय-प्रक्रिया को बंद अदालतों से निकालकर बाहर समाज में ले आया। अब उसका साहित्य कुछ लोगों के सामने पेश किया गया जो प्रार्थना-पत्र या विनय-पत्रिका नहीं था। वह स्वयं जजों, न्यायाधीशों और व्यवस्था-निर्माताओं के खिलाफ़ आरोपपत्रों की घोषणा थी। वह पुराने फैसलों के अस्वीकार का साहित्य था, जहाँ जज और वकील दोनों स्वयं कठघरे में खड़े थे।

शरणकुमार लिंबाले का साहित्य इन्हीं प्रत्यारोपों और प्रतिशोध का साहित्य है। अपनी स्थिति और उसे बनाए रखने वालों के खिलाफ यह आक्रोश और प्रतिहिंसा का साहित्य भी है। यह व्यक्तियों की नहीं, दो परंपराओं की लड़ाई है। दलित चेतना ने व्यवस्था की सारी बिसात को उलट दिया है।

लगता है स्त्री को लिंबाले इस दुर्ग की ऐसी कमजोर दीवार मानते हैं, जहाँ निर्भय होकर हमला किया जा सकता है। प्रेमिका हो या मालिक की बेटी—नायक

पहले उसस भावनात्मक रूप से ज़ुड़ता है। पर जैसे ही जाति और वर्ण बीच में आते हैं तो नायक का सारा प्यार नायिका के लिए गुस्से में बदलकर हिंस्र हो उठता है। मुखिया की बेटी से दलित क्लास-फ़ैलो के प्यार की परिणति क्या होगी, यह इतना निश्चित है कि अंतरंग क्षणों में भी नायक सहज और निर्द्वंद्व रही हैं नहीं है। नीलू उसके सहवास में सिर्फ शारीरिक सुख खोजती है, मगर नायक मानो उसके बहाने सारे सवर्ण समाज से अपनी संधि-शर्तें मनवाना चाहता है—जैसे फिल्मों में खलनायक बच्चे की गर्दन पर छुरा रखकर माँ से मनचाही बात मनवा लेता है। 'ओछी जात' में नायक मालिक से नीलू का हाथ माँगता है। मना कर देने पर उसके सारे प्रेमपत्र बाप के मुँह पर दे मारता है—परिणाम नायक की पिटाई और नायिका की हत्या है। गुस्से और अपमान में अंधा लिंबाले का नायक अक्सर ही मालिक की बहू-बेटी पर काल्पनिक बलात्कार करता है। वह यह भूल जाता है कि वर्णाधारित और पुरुष केन्द्रित व्यवस्था में स्त्री भी उतनी ही दलित है, जितना वह। दोनों ही वर्ण उसका अपमान या बलात्कार करते हैं।

सामाजिक जीवन की बदलती निष्ठाओं पर लिंबाले ने कई प्रभावशाली कहानियाँ लिखी हैं। लिंबाले को यह ता मालूम है कि मालिक उसकी बहू-बेटी के साथ क्या करता है, उसे यह भी पता है कि बदला लेने के लिए मालिक की बहू-बेटी के साथ क्या करना चाहिए—मगर शायद यह नहीं पता कि अपनी ही बहू-बेटियों के लिए एक दलित किस तरह सुवर्ण मर्द बन बैठता है। जातियाँ आपसी संघर्ष में एक दूसरे से बदला लेने के लिए कमज़ोर वर्ग की स्त्रियों के साथ खुलेआम बलात्कार करती हैं, उन्हें नंगा घुमाती हैं—मगर यह नहीं देखती कि दोनों अपने-अपने घरों में स्त्रियों को कैसे और कहाँ-कहाँ मारती हैं।

अक्सर उत्सवों, आयोजनों या सामाजिक व्यवहार में भेदभाव कभी हिंसक संघर्ष का रूप लेता है तो कभी एक दूसरे के बायकाट का। यहाँ भी ढुल-मुल समझौतापरस्त व्यक्ति की पहचान और उसके लिए धिक्कार बहुत 'लाउड' है, वहाँ कहीं विजय का संतोष है तो कहीं पराजय की हताशा। जहाँ पराजय है वहाँ भी मौका मिलने पर बदला लेने का संकल्प है।

दलित-गैर दलित संबंधों पर मुझे *सफेद मक्खी और आत्मकथा* कहानियाँ अनेकार्थी रूपक लगती हैं। वरिष्ठ प्राध्यापक और उपन्यासकार खानोलकर दलित प्रेम के चलते लेखक को प्रोत्सहन ही नहीं देते, उसे अपने घर का सदस्य होने की छूट भी देते हैं। किन्हीं आत्मीय क्षणों में लिंबाले प्रो. खानोलकर को अपने जीवन-संघर्षों की बातें बताता है : किस तरह वह एक वेश्या का बेटा है और किन कठिनाइयों से उसने प्रारंभिक शिक्षा की बाधा-दौड़ पार की है। उधर जब खानोलकर का नया उपन्यास आता है तो देखता है कि व्यक्तिगत रूप से बताए सारे जीवन-प्रसंग उसमें भरे पड़े हैं और उन्हीं को लेकर चारों तरफ प्रशंसा हो रही है कि

दलित-जीवन का ऐसा मार्मिक और प्रामाणिक चित्रण साहित्य में पहले कभी नहीं हुआ। उसे अकादमी पुरस्कार भी मिलता है। गुस्से में छटपटाता और सफाई माँगने पर खानोलकर के घर से निकाला गया अपमानित लेखक क्या करे? एक सवर्ण ने दलित के सारे जीवन-संघर्षों पर उसी तरह कब्जा कर लिया है जैसे हाड़-तोड़ मेहनत से उगाई हुई किसा खेतिहर की खेती पर ज़मींदार कब्ज़ा कर ले और गर्व से कहे कि वह उसकी अपनी फ़सल है। दूसरी तरफ *आत्मकथा शीर्षक* कहानी है जहाँ एक दलित एक दलित की आत्मकथा को स्वयं दलित लेखक-प्रोफेसर हथियाकर अपने नाम से प्रकाशित कर रहे हैं। धोखे और विश्वासघात के इस धक्के को बर्दाश्त करना क्या हरेक के बस की बात है?

इस संग्रह की सबसे बड़ी ताकत यही है कि लिंबाले ने दलित-चेतना और संघर्ष के अनेक पहलुओं को जीवंत अनुभव-खंडों क रूप में दिया है। इसमें उन्होंने अपनो को भी माफी नहीं दी है। बाहरी घात और भीतरी विश्वासघात की द्वंद्वात्मकता ने इन कहानियों को जन्म दिया है। मुझे शिकायत हो सकती है कि अक्सर विवरणों में वर्णन, निबन्धात्मक हो गए हैं और उन्हें 'बता' दिया गया है—कम ही जगह उन्हें 'दिखाया' गया है। भाषा के बारे में मैं अधिक इसलिए नहीं कह सकता कि हिन्दी अनुवाद में शायद भाषा की स्थानीय धार ठीक वैसी ही नहीं आ पाई है जैसी मूल में रही होगी। उसके डंक का सिर्फ़ अनुमान लगाया जा सकता है। मगर ये कथा-खंड इतने प्रामाणिक तो हैं ही कि एक ही व्यक्ति की आत्मकथा के बिखरे हुए चित्र प्रस्तुत करते हैं।

मुझे लगता है कि दलित और स्त्री लेखन की मूल समस्या अनिवार्य रूप से बाहरी संघर्ष तो है ही, अपने भीतर नस-नस में समाए सवर्ण मालिक को पहचानकर उससे लड़ना भी उतना ही जरूरी है—यह मालिक सोच और व्यवहार सभी जगह अदृश्य रूप से इस तरह घुसा है कि अक्सर अपनों के विरुद्ध ही हमें खड़ा कर देता है और 'शिकार' ही मालिक बनकर अपनों का दमन करता है—इस मालिक का दूसरा नाम व्यवस्था है। इस व्यवस्था में दलनकर्त्ता की जगह दलित आने से दमन की परंपरा कभी खत्म नहीं होगी, सिर्फ नायक बदल जाएँगे।

मैं उम्मीद करता हूँ कि शरणकुमार लिंबाले और ओमप्रकाश बाल्मीकि जैसे दृष्टि सम्पन्न लेखक दलित चेतना के इन पक्षों पर भी विचार करेंगे।

- राजेन्द्र यादव

अनुक्रम

अनुवादक का कथन

'दलित ब्राह्मण' डॉ. शरण कुमार लिम्बाले के इसी नाम के मराठी कहानी संकलन का अनुवाद है। दहला देने वाली आत्मकथा 'अक्कर माशी', कहानी संकलन 'देवता आदमी' और मराठी दलित विमर्श पर आधारित 'दलित साहित्य का सौन्दर्य शास्त्र' के बाद हिन्दी में अनूदित होने वाली यह उनकी चौथी पुस्तक है।

'दलित ब्राह्मण' पदावली में 'दलित' ब्राह्मण का विशेषण नहीं है, न ही यह दलित और ब्राह्मण का समाज है। दरअसल यह तत्पुरूष है जो दलित होने के बावजूद ब्राह्मण होना चाहता है, बनने की प्रक्रिया में है या बन जाने को मजबूर है। अपनी कुछ कहानियों में शरण कुमार ने पहले भी इन तत्पुरुषों को पहचानने का प्रयास किया था जिनमें मध्यवर्गीय समझौतापरस्ती और अभिजनवादी की प्रवृत्तियाँ दिखाई देने लगी थीं। सुविधाभोगी व आत्मसुरक्षित तत्पुरुष अनायास ही विद्रोह और संघर्ष से मुँह मोड़ लेते हैं।

प्रश्न यह है कि क्या आधुनिक बन जाने की प्रक्रिया में दलित का ब्राह्मण बन जाना अनिवार्य है? प्रश्न अस्मिता का भी है। आधुनिकीकरण और वैश्विकीकरण को टालना अब असम्भव लगता है। उत्तर आम्बेडकर युग की दलित चेतना को अंतर्द्वन्द्वों के साथ बाहरी संघर्ष को भी झेलना है। डॉ. बाबा साहब आम्बेडकर के चिन्तन तथा संघर्ष, संविधान से प्राप्त अधिकार, आरक्षण की नीति, राजनीति के नये नये समीकरण और सामाजिक परिवर्तन की निष्पत्ति है समकालीन नई पीढ़ी की दलित चेतना। इस उत्तर पीढ़ी में एक लक्षणीय अभिजन समाज निर्माण हुआ है। शरण कुमार की कहानियों में हम उसकी कशमकश को अनुभव करते हैं।

मराठी साहित्य में महात्मा जोतीराव फुले और डॉ. बाबा साहब आम्बेडकर के क्रान्तिकारी विचारों से प्रेरणा लेकर दलित साहित्य का जबर्दस्त आविर्भाव हुआ। उस चेतना का हिन्दी में अनुवादों से परिचय कराने का आरम्भिक कार्य डॉ. चन्द्रकांत पाटील के 'सूरज के वंशधर' ने किया। डॉ. चन्द्रकांत बान्दिवडेकर ने किया। डॉ. सूर्यनारायण रणसुभे ने आत्मकथाओं के अनुवाद प्रस्तुत किये। एक सिलसिला शुरू हो गया जिसमें इन पंक्तियों के लेखक ने भी कुछ सहयोग दिया। अब हिन्दी

में मौलिक दलित साहित्य और समीक्षा ने अपनी अहमियत बनायी है। फिर भी अनुवादों का सिलसिला जारी रहेगा क्योंकि परम्पराएँ जड़ हैं, साम्प्रदायिक ताकतें प्रबल हैं, राजनीति अवसरवादी है, लोकतांत्रिक ढाँचे और परिवर्तन के बावजूद अन्याय, अत्याचार की, अपमान, अवमानना की नयी सूरतों का शिकार दलित बन जाता है और उसका पिछड़ापन भी नये रूप धारण करता है, अतः आधुनिक भारतीय समाज के लिए दलित विमर्श अनिवार्य है। उसके लिए समकालीन यथार्थ से जूझनेवाली मौलिक व अनूदित रचनाओं के माध्यम से जीवन के जीवन्त अनुभवों से भिड़ना भी उतना ही अनिवार्य है। इन कहानियों के अनुवाद करने का यही कारण है।

– निशिकांत ठकार

दलित ब्राह्मण

मुझे याद आता है, जब मैं प्रायमरी स्कूल जाने की उम्र में था, तब हमारी पाठशाला में गणपति की स्थापना की जाती थी। हम बड़े आनन्द से श्री की प्रतिष्ठापना करते थे। नाचते थे, गुलाल उछालते थे। प्रतिदिन विधिवत् श्री की पूजा हुआ करती थी। दिन बड़े ठाठबाट से गुजर जाते थे। प्रतिमा का विसर्जन भी बड़ी शान से हुआ करता था। जब मैं उन दिनों की याद करता रहता हूँ तब मेरी बेटी मेरे बाहों में उगे सफेद बालों को तोड़ा करती है। पत्नी कहती, 'जाने दो, पूरा सिर ही पक गया है। सफेद बालों को उखाड़ देने से बुढ़ापा छिप तो नहीं जायेगा।' लेकिन बेटी बड़ी लगन से सफेद बालों को ढूंढती रहती है। मिलने पर उखाड़ देती है। मुझे इस बात की खुशी होती है कि बालों को उखाड़ने के लिए ही क्यों न हो, वह मेरे पास तो है। घर के बाहर चौराहे पर गणपति की स्थापना हो चुकी है।

चाहे गणपति हो, देवी हो, राम या कृष्ण हो, महादेव हो, हिन्दुओं के इन देवताओं के हाथों में हथियार अवश्य होता है। वे आक्रामक लगते हैं। मैं उनके हाथों के हथियारों से डरता हूँ। गणपति के हाथ में भी शस्त्र है। वह हैं तो विघ्नहर्ता किन्तु जब आते हैं तो विघ्नों को लेकर ही आते हैं। मेरे सफेद बालों को उखाड़ते हुए बेटी कहती है, 'पपा, गणपति का शरीर तो मनुष्य का है लेकिन मुख हाथी का है। उसके माँ-बाप का कैसा था?' मैं उसका प्रश्न सुनकर सफेद पड़ जाता हूँ। 'बेटी, ऐसे सवाल नहीं पूछते।' इससे धार्मिक भावना को ठेस पहुँच जाती है। धार्मिक भावना को ठेस पहुँच जाने पर किसी धर्म की कोई हानि नहीं होती लेकिन राष्ट्र की सम्पत्ति की हानि हो जाती है। आगजनी होती है। शहर जलने लगते हैं। तिलक जी ने राष्ट्रीय भावों को जगाने के लिए शिवजन्मोत्सव और गणेशोत्सव का आरम्भ किया था, लेकिन अब इन उत्सवों में धार्मिक भावना को ही भड़काया जाता है। बेटी सफेद बालों के बदले अब काले बालों को उखाड़ने लगी है। मेरी पत्नी चिल्लाने लगती है, 'अरी, बस कर बालों को उखाड़ना। पहले ही चाँद क्या कम है!'

श्री की मूर्ति के सामने सत्यनारायण चल रहा है। जोर-शोर से श्री की पूजा सुनाई दे रही है। उधर दूसरी तरफ से मुल्ला की अजान उतनी ही जोर से कानों में

घुसी जा रही है। दरवाजे पर किसी की दस्तक सुनाई देती है। मैं दरवाजा खोल देता हूँ। आठ-दस जवान लड़के हैं। गणपति का चंदा माँगने आये हैं। इस झुंड को अगर मैं चंदा न दूँ तो ये मेरी बेटी को छेड़ेंगे या और भी कोई तकलीफ दे देंगे। इससे अच्छा है कि सबके साथ चंदा दे ही दें। महीने के हिसाब में इक्कीस रुपये कम हो जायेंगे। इस हफ्ते मटन खाने के ऐवज में गणपति का चंदा ही दिया जाय।

गणपति उत्सव और मुहर्रम एक साथ आ गये हैं। शहर में तनाव की स्थिति पैदा न हो, इसलिए पुलिस तैनात है। अमन कमिटी की स्थापना हो चुकी है। भाईचारा और मित्रता बरकरार रहे, इसलिए प्रचार भी हो रहा है। गणपति विसर्जन का मार्ग दूसरी दिशा से सुरक्षित निश्चित किया जा चुका है। गणपति विसर्जन का मार्ग पुलिस ने ही निश्चित किया हुआ है। गणपति के साथ पुलिस के कर्मचारी भी आसपास विराजमान हैं। गणपति हों चाहे शिवाजी, इन उत्सवों का स्वागत करने में खुशी से ज्यादा डर ही महसूस होता है। अब दस दिन तक जोर-शोर से रिकार्ड बजेंगे। रात देर तक शोर मचता रहेगा। और यह हल्लागुल्ला धूल की तरह खिड़कियों-दरवाज़ों से आता हुआ पूरे घर में जम जायेगा। इनसे कौन कह सकेगा कि जरा शोर कम करो। कौन झगड़ा मोल लेगा? कान बंद कर के दस दिन इस तकलीफ को झेलना होगा। कुछ कहने जाऊँ तो कहेंगे कि यह हिन्दू धर्म से द्वेष रखता है। यह नास्तिक है। आखिर रहना तो इसी मुहल्ले में है। मैं अपने आप को समझाता हूँ। समझौते करता हूँ। इसलिए तो मेरे सम्बन्ध सबके साथ अच्छे हैं। मैं व्यवहार देखता हूँ। प्रेम की बात नहीं है। लेकिन दिनेश काम्बले नहीं मानता। वह मुझे हिकारत से देखता है।

दलित आन्दोलन में हिन्दुत्ववादियों की तादाद बढ़ रही है। आम्बेडकर जी की तुलना हेडगेवार जी के साथ की जा रही है। हमारे दलित लेखक हिन्दुत्ववादियों के मंच पर प्रस्तुत हो रहे हैं। इन्हें जाति का गर्व नहीं है। दिनेश काम्बले की यह टिप्पणी मुझे सही नहीं लगती। जली कटी सुनाने जैसी बातें हैं। इस 'हिन्दुस्थान' में हिन्दू बहुसंख्या में हैं। हिन्दुओं का हज़ारों वर्षों का इतिहास है। हम उनके साथ लड़ नहीं सकते। लड़ाई की बात करके हम समाज को दिग्भ्रमित कर देते हैं और अल्पसंख्यों के नेता बन जाते हैं। इससे समस्याओं का समाधान नहीं निकल सकता। हमें हिन्दुओं की मानसिकता को समझना होगा। मैं जब सहजीवन में ही संघर्ष का विचार सामने रखता हूँ तो मुझपर टिप्पणी की जाती है। अब यह जो समीर जोशी है, वह मेरे घर आ जाता है। मैं भी उसके घर जाता हूँ। हम साथ-साथ खाते हैं, पिते हैं। इस बदलाव को क्या आप नजरअंदाज कर देंगे? लेकिन मेरी समीर जोशी से मित्रता दिनेश को मंजूर नहीं।

हम सवर्णों की बस्ती में रहते हैं। आसपास के किरायेदार ब्राह्मण हैं। उनके घरों में भाजपा के बारे में बातें चलती हैं। हम आम्बेडकर जी के बारे में बोलते रहते

हैं। फिर भी हम पड़ोसी हैं। मेरी पत्नी उनकी स्त्रियों के उत्सवों में शामिल होती है। लेकिन इसका मतलब यह नहीं कि वह आम्बेडकरवादी नहीं है। मैं भी तीर्थप्रसाद लेने जाता हूँ। दरअसल हम इस हिन्दू परिवेश से अलग रह नहीं सकते। संघर्षों और संकटों के बीच संस्कृति बनती जाती है। अब हमने गणपति का चंदा दे दिया। देना ही पड़ता है। दिनेश काम्बले ने चंदा नहीं दिया। लेकिन उसके सारे घरवाले दस दिनों के लिए दूसरे गाँव चले गये हैं। वह इस परिवेश में रह नहीं सकता। कल हो न हो, कुछ हो गया तो दिनेश काम्बले का घर पहले जलाया जायेगा। और ऐसे वक़्त में कोई किसी को रोक नहीं सकता। पुलिस तमाशा देखती रहती है। गणपति उत्सव और शिव जयन्ती के दिनों में दिनेश दूसरे गाँव चला जाता है। उसे हिन्दुओं का हो-हल्ला मचाना पसंद नहीं। वह हिन्दुओं की आक्रामकता से डरता है। वह हमेशा हिन्दुओं की देवी-देवताओं को गालियाँ देता रहता है। लेकिन इससे परिवर्तन की अपेक्षा वैमनस्य ही बढ़ जाता है। अपनी समझौतेवाली भूमिका के कारण मैं इनमें घुलमिल जाता हूँ। कभी-कभी खून खौला देने वाले कमेन्ट्स सुनने को मिल जाते हैं। मूड खराब हो जाता है। लेकिन मन को मजबूत करना पड़ता है।

मैं समीर जोशी के सारे व्यवहारों को देख लेता हूँ। वह भी मेरे घर की देखरेख करता रहता है। हमारे सम्बन्धों में जाति कभी बाधा नहीं बनती। पिछले हफ्ते मैं और समीर जोशी बीयर पीने के लिए गये थे। बहुत पी ली। देर रात बाहर से चले आये। रास्ते में गुण्डों ने हमें रोक लिया। रुपयों की माँग की। छीना-झपटी हो गयी। समीर के हाथ पर चाकू का गहरा घाव लगा। गुण्डे भाग गये। लेकिन इस घटना का बहुत बुरा असर हुआ।

समीर को बताया गया, "महार की संगत में तुम भी महार हो गये। अरे, हजारों बरसों से महार और ब्राह्मणों के बीच दुश्मनी है। हो सकता है यह साजिश लिम्बाले की ही रची हुई हो। गुण्डों ने उसे चाकू क्यों नहीं मारा? तुम्हें ही कैसे मारा? अरे, तुम ब्राह्मण हो, इसलिए उन लोगों ने इस तरह बदला लिया होगा।" समीर के परिवार में इस तरह की बातें होने लगीं। ऐसा ही होता है। बुरे मोड़ पर सबको मेरी निचली जात दिखाई देती है। मैं भी चिढ़ जाता हूँ। गुस्सा होता हूँ। लेकिन जात को बदला तो नहीं जा सकता ना?

दिनेश को भी मेरी जात ही दिखाई देती है। हालाँकि वह मेरी ही जाति का है, लेकिन मुझे हिन्दुवादी कह कर ताने मारता है। समीर जोशी मेरे साथ होता है, इसलिए पूरी ब्राह्मण बस्ती उसे 'जयभीमवाला' सम्बोधित कहती है। मैं फिर भी स्थितप्रज्ञ की तरह रहता हूँ। गणपति का चंदा ले लो, आम्बेडकरजी का चंदा ले लो, लेकिन मुझे परेशान मत करो। दलित कार्यकर्त्ता इस बात को पसंद नहीं करते। दिनेश की ज़बानदराजी चलती रहती है कि मैं सिर्फ लिखता हूँ। समाज में नहीं जाता। समाज के साथ नहीं रहता। आम्बेडकर जी पर पुस्तक लिखकर नाम और

रुपया कमाता हूँ। मैं गद्दार हूँ, वगैरा-वगैरा। मैं सबको तो खुश नहीं रख सकता। समीर जोशी ब्राह्मण है, इसके बावजूद वह मेरा मित्र है। मुझे उसकी दोस्ती पसंद है। मैं सभी महारों के साथ दोस्ती तोड़ देता हूँ और बम्मन बस्ती में दलित ब्राह्मण के रूप में रहता हूँ। एक घोंघे की तरह।

हिन्दू-मुस्लिम के बीच दंगा भड़क उठा। मुझे मुस्लिम जवानों ने घेर लिया। मैंने यह कहकर अपने आप को छुड़ा लिया कि मैं हिन्दू नहीं हूँ, मैं तो बौद्ध हूँ। अगले चौराहे पर हिन्दुओं के झुण्ड ने मुझे पकड़ लिया। मैंने कहा, 'मैं मुस्लिम नहीं हूँ, मैं तो बौद्ध हूँ।' और मुझे छोड़ दिया गया। जब हिन्दू-दलितों के बीच दंगे होते हैं तब याकूब भी इसी तरह के जवाब देकर अपने को छुड़ा लिया करता है। दिनेश के लिए कोई समस्या नहीं, क्योंकि वह गाँव छोड़कर बाहर चला जाता है।

गणपति बाप्पा मोरया
अगले बरस जल्दी आना।
आते समय
अपने हाथ के हथियार छोड़ के आना।

कई बार मुहल्ले के लड़कों ने मेरे घर पर पत्थर फेंके हैं। मैंने खिड़की में से कई बार देखा भी है। लेकिन किसके साथ झगड़ा मोल लूँगा। बम्मनों की बस्ती में रहता हूँ। झोंपड़पट्टी में रहना असुविधाजनक है। बच्चों में बुरे संस्कार पनपते हैं। तो फिर रहो बम्मनों की बस्ती में। किसी सवर्ण लड़के ने पत्थर फेंक ही दिया तो समझना कि इतनी कीमत तो चुकानी ही होगी। उसके बिना अच्छी बस्ती, अच्छा घर, अच्छे पड़ोसी कैसे मिल सकेंगे?

किसी प्रसंग से आँखों में आँसू आ गये तो कहना होता है कि आँख में कुछ चला गया था। अपने आँसुओं को छिपाने के लिए। लेकिन दिनेश और याकूब तेज़ हैं। वे कह सकते हैं। मैं जोशी की संगत में 'वर्ण नहीं तो गुण ही सही' सोचकर रहने लगा हूँ। जो बाघ था, वह भेड़-बकरी बन गया। पिछले वर्ष याकूब के बदन पर गणपति उत्सव में गुलाल पड़ गया तो उसने चार लड़को को नीचे गिरा दिया था। दिनेश ने चंदा देने से इनकार किया तो लड़के गुस्से में आ गये थे। तब चाकू निकालकर वह उन पर टूट पड़ा। मुझसे यह कैसे हो सकेगा?

मेरी बेटी रोती हुई आ गयी। मेरी कुछ समझ में नहीं आया। उसे गणपति मण्डली के कार्यकर्त्ताओं ने छेड़ दिया था। मैं कहानी लिख रहा था। बेटी रो रही थी। मैंने कहा, "जाने दे। किस किस के मुँह लगें? सारी बस्ती उनकी है। कुछ बोलेंगे तो बस्ती को छोड़ना पड़ेगा। तू ही बचकर रहना।" लेकिन मेरी पत्नी को यह सहन नहीं हुआ। इतने में मेरा बेटा आ गया। उसने बहन की तरफ से झगड़ा शुरू किया था। एक-दो को पीटा था। फिर सबने मिलकर उसे पीटा था। उसका सर फूट गया था। बाद में लड़के घर आकर उधम मचा गये। गणपति-उत्सव के दिन थे। बेकार

ही माहौल गर्म हो जाता। इसलिए मैं खामोश रहा। लेकिन मेरे बच्चे खामोश नहीं रह सकते थे। कहने लगे, "यहाँ रहने की अपेक्षा महारों की बस्ती में जाकर रह लेंगे। यह यातना नहीं चाहिए।"

"देश के किसी भी हिस्से में रहने जाओ, दलित होने से तुम्हें यातनाओं का सामना तो करना ही पड़ेगा। तो क्या तुम इस देश को छोड़कर चले जाओगे?" मेरा सवाल ठीक ही था, लेकिन किसी को वह ठीक नहीं लगा। हम अपने लोगों के बीच जाकर रह लेंगे। वे लोग सहायता के लिए आ जायेंगे। इतनी रामायण हो गई, लेकिन जोशी अंकल के घर से कोई नहीं आया। दिनेश अंकल होते तो...तो ऐसे चुपचाप नहीं बैठ जाते। यहाँ अपने खून के लोग चाहिएँ। मेरा बेटा पक्का जातिवादी था। अवसर ने उसे जातिवाद स्वीकारने के लिए मजबूर किया था। मैं फिर भी खामोश था।

समीर जोशी आ गया। मैंने उसे सारा वाकया बता दिया। उसकी भी आँखों में पानी आ गया। उसने सबको बहुत गालियाँ दीं। मुझे बहुत अच्छा लगा। जोशी को अन्याय से चिढ़ थी। जोशी की बातें सुनकर मेरा मन भी उबल पड़ा। "जोशी, हम उन लड़कों के पास जायेंगे। उनके साथ बैठक करेंगे। तुम उस बैठक में बोलोगे। आज तुमने जो कहा वह सब बोलना। ऐसा ही लावे जैसा बोलना। उन पर असर होगा।"

जोशी का चेहरा उतर गया। समीर जोशी सिर झुकाकर बैठ गया। "मैं स्वभाव से खुद्दार नहीं हूँ। मुझे झगड़ा करना नहीं आता। मैं नहीं आ सकूँगा। तुम अपना देख लो। बाघ की तरह रहो। मत डरो। इन प्रवृत्तियों को कुचलना ही होगा। लेकिन मुझे इसमें मत उलझाओ। मैं अपनी सीमाएँ जानता हूँ। मैं नहीं बोल सकता। तुम बाघ हो, जाओ।"

समीर जोशी की बातें सुनकर मुझे बुरा लगा। मैं किसी महार से दोस्ती करता तो वह जान कुर्बान कर देता। अपना चुनाव ठीक नहीं था। समीर जोशी चला गया। "मैं बाघ की तरह उनसे झगड़ा करूँगा। अन्याय सहन नहीं करूँगा। सबको कुचल डालूँगा।" कहते हुए मैं उठ गया। बाहर 'गणपति बाप्पा मोरया' का शोर जारी था। डंडे और लेज़म की आवाज़ें कानों के पर्दे फाड़ रही थीं। मेरा खून उबल पड़ा। मेरी सहन शक्ति समाप्त हो गयी थी। मैं जल उठा। पत्नी ने मुझे रोकते हुए कहा, "अजी, ब्राह्मण उकसाने का ही काम करते आये हैं। जोशी ने आपको उकसाया है। पागल जैसा बर्ताव मत कीजिए।"

मेरी समझ में नहीं आया। मुसीबत के समय ही हमें एक दूसरे की जाति याद आती है। और हम जाति को दोष दे देते हैं। हकीकत क्या है? आम्बेडकर जयन्ती में शामिल होने वाला जोशी, जोशी भाभी के साथ स्त्रियों के उत्सव में जाने वाली मेरी पत्नी, हमारे घर आकर मटन चाँपने वाले जोशी के बच्चे, जोशी की बेटी के साथ

मन्दिर जाने वाला मेरा बेटा, यह सारा माहौल पल भर में कैसे सड़ सकता है। सुबह आम्बेडकर जयन्ती कार्यक्रम में भाषण करनेवाला जोशी शाम को पूजा बाँचने जाता है तो वह मुझे पाखंडी लगने लगता है। अन्यथा तो वह मेरा जानी दोस्त है। लाइफ को स्मूथ और सॉफ्ट होना चाहिए, ऐसे अवसर ही जिंदगी में न आयें, जिसमें आदमी की परीक्षा लेने की नौबत आ जाये। फिर सब लोग देवता आदमी जैसे लगने लगेंगे।

घर पर दो-एक पत्थर आकर गिरे। मेरा सिर चकरा गया। जोशी गणपति के सामने पूजा-पाठ कर रहा था। मैं सीधे मण्डप में चला गया। माइक को खींच लिया। गली के सारे लड़के इकट्ठा हो गये। हड़बड़ी मच गयी। सब मेरा अपमान करने लगे। समीर जोशी चुपचाप बैठ गया। द्रौपदी वस्त्रहरण के अवसर पर भीष्म और द्रोण इसी तरह मौन धारण कर चुप बैठे होंगे। सौ लोगों की गालियों से ज्यादा जोशी का मौन मुझे बेचैन कर रहा था। यह उसकी सीमा है। दिनेश काम्बले आ गया। चाकू खोलकर खड़ा हो गया। सब भाग गये। मैंने दिनेश के पैर पकड़ लिये।

"दिनेश, तुम मेरे घर रहो। गणपति-विसर्जन होने तक तो तुम्हें मेरे घर रहना ही होगा।"

आत्मकथा

दलित साहित्य पर बेहिसाब बहसें हो रही हैं। दलित लेखकों की आत्मकथाओं की बड़ी प्रसिद्धि हो रही है। कोई एक आत्मकथा प्रकाशित हो जाती है और रातोंरात वह लेखक महान बन जाता है। उसे पुरस्कार मिलने लगते हैं। उसके सत्कार-समारोह सम्पन्न होते हैं। उसकी तारीफ में लेख छपने लगते हैं। फिर शासन की समितियों में उसकी नियुक्तियाँ होने लगती हैं। उसकी पोशाक बदल जाती है। उसकी भाषा बदल जाती है। उसका रहन-सहन बदल जाता है।

मेरे जैसा होनहार दलित लेखक जब इस तरह का माहौल देखता है तो वह फूला नहीं समाता। 'मुझे भी आत्मकथा लिखनी चाहिए। मेरा भी नाम होना चाहिए। मुझे भी पुरस्कारों से सम्मानित होना चाहिए।' मैं किसी पागल की तरह दलित साहित्य पढ़ता गया। दलित साहित्य एक आन्दोलन है। दलित साहित्य ने प्रतिष्ठित साहित्य को दहला दिया है। इस साहित्य की उत्पत्ति ही निराली है। जो लिखता है, वह लेखक बन जाता है। उसके अनुभव आज तक कभी साहित्य में नहीं आये थे। उसके ऊबड़-खाबड़ अनुभव भी पाठकों को छू जाते हैं। दलित लेखक के साहित्य का यथार्थ अनुभव पाठकों को अन्तर्मुख कर देने वाला है। दलित साहित्य पर होने वाली विपुल चर्चा सुनकर मुझमें शक्ति का संचार हो जाता है। मेरे अनुभव दूसरों से अलग हैं। मैंने बहुत कुछ भोगा है। देखा है। किसी ने नहीं सहा होगा, जितना मैंने सहा है। मैंने अगर आत्मकथा लिख दी तो अवश्य ही उसका बोलबाला होगा। दूसरों से वह अलग दिखाई देगी। मैं दलित साहित्य का एक तूफानी नाम बन जाऊँगा। मुझे लिखना ही होगा। मैंने दलित लेखकों की सारी आत्मकथाएँ पढ़ डालीं। उनकी अपेक्षा मेरे अनुभव में ज्यादा ताक़त है।

मैं सोचता रहा।

लेकिन मेरी आत्मकथा को कौन छापेगा? मेरी किसी से कोई पहचान नहीं। कुछ दलित लेखकों से पत्राचार कर लेना होगा। उनके पते प्राप्त कर उन्हें पत्र लिख देता हूँ। पत्र में हर एक की प्रशँसा करता हूँ। अन्त में लिखता हूँ, 'मैं भी आत्मकथा लिखने जा रहा हूँ। आपके मार्गदर्शन की आवश्यकता है।'

एक हफ्ते बाद कुछ दलित लेखकों के जवाब मिल जाते हैं। हर किसी ने मुझे आत्मकथा लिखने के लिए प्रेरणा दी है। मैं इन पत्रों को बारबार पढ़ता हूँ। उन्हें फिर से पत्र लिखता हूँ। मैं रोज लिखता रहता हूँ। मुझे जल्द से जल्द अपनी आत्मकथा लिखनी चाहिए। मुझसे पहले और किसी की आत्मकथा प्रकाशित नहीं होनी चाहिए। इससे मैं अपनी जाति का पहला लेखक बन जाऊँगा। विलम्ब हो गया तो दूसरा कोई लिख डालेगा। उसकी चर्चा होगी और मैं पिछड़ जाऊँगा।

अनुसूचित जातियों में मेरी जाति अलग है। मेरी जाति की विशेषता यह है कि अभी तक साहित्य में मेरी जाति के दुख दर्द को वाणी नहीं मिल सकी है। दलित साहित्य में अधिकतर 'महार' जाति के ही अनुभवों की अभिव्यक्ति हो पायी है। दलितों में कई जातियाँ हैं। उन तक अभी शिक्षा का संस्कार पहुँच नहीं पाया है। वे सुविधाओं का लाभ नहीं उठा सकी हैं। बाबासाहब आम्बेडकर की वजह से महार जाति जल्दी साक्षर हो गयी। संगठित हो गयी। इस जाति के पास संगठन है। इससे उन्हें सुविधाओं का लाभ मिल जाता है। लेकिन दलितों की अन्य जातियाँ अभी भी अँधेरे में लड़खड़ा रही हैं। आम्बेडकर जी के विचारों का महत्त्व अब उनके ध्यान में आने लगा हैं। आम्बेडकर जी का सोच समूचे सर्वहारा का सोच है। हम सबकी मुक्ति की सोच है। अब हम इसे पहचानने लगे हैं।

दलितों की सारी जातियाँ संगठित होने लगी हैं। हमें भी इस लड़ाई में उतरना होगा। दलित साहित्य एक आन्दोलन है। इस आन्दोलन को सक्रिय होना होगा। दलित साहित्य में अपने दुख-दर्द को प्रकट करने के लिए आत्मकथा जैसी आत्मीय साहित्य विधा दूसरी कोई नहीं है।

मैंने अपनी आत्मकथा लिखकर पूर्ण कर दी। पाण्डुलिपि लेकर कुछ दलित लेखकों से मिलने गया। अपनी आत्मकथा के अंश उन्हें पढ़कर सुनाए। हर किसी ने अपनेपन से सुन लिया। कोई काँप उठा। कहा, "तुमने अच्छा लिखा है। तुम्हारी आत्मकथा प्रसिद्ध होगी।" मुझे अच्छा लगा। अब मुझे पुरस्कार मिल जायेंगे। फिर मैं विदेश यात्रा करूँगा। मैं पतंग की तरह हवा में उड़ने लगा। अब मैं लेखक बन जाऊँगा। मेरी पुस्तक का बोलबाला होगा। इस भावना ने मुझे तो पागल कर दिया।

मैं प्रो. बाबासाहब काम्बले जी से मिलने गया। घर में घुसते ही उनके दर्शन कर लिये। उन्हें भी बड़ा सुख हो गया। मेरी पीठ थपथपायी। मैंने उन्हें अपनी पाण्डुलिपि दिखा दी। उन्होंने पाण्डुलिपि ले ली। इधर-उधर उलट-पलट कर देखा। चाय आ गई। मैं चाय के घूँट भरने लगा। प्रो. काम्बले बोल उठे, "इतनी लम्बी आत्मकथा आजकल कोई नहीं छापता। इसमें काट-छाँट करनी होगी। बार-बार जो बातें आयी हैं, उन्हें निकालना होगा। आत्मकथा पठनीय होनी चाहिए। कागज की कीमतें बढ़ गयी हैं। पुस्तक बड़ी हो जाने पर कीमत भी बढ़ जाती है। फिर कोई पाठक खरीदकर नहीं पढ़ेगा। मैं पाण्डुलिपि पढ़ लूँगा। मेरे पास छोड़ जाओ। अगले

इतवार को आ जाओ।"

मैंने 'हाँ' भर दी।

अपनी पाण्डुलिपि प्रो. काम्बले जी के पास छोड़कर मैंने उनसे विदा ले ली। एक हफ्ते में पढ़ डालेंगे। कुछ मौलिक सुझाव देंगे। पर पाण्डुलिपि खो तो नहीं जायेगी? सोचकर मैं बेचैन हो गया। फिर भी दिल पर पत्थर रखकर चुप रहा, क्योंकि मुझे मार्गदर्शन की अपेक्षा है। प्रो. काम्बले मुझे प्रकाशक दिला देंगे। कई प्रकाशकों के साथ उनका रसूख है। मैं एक-एक दिन को माला के मनके की तरह गिनने लगा। कब इतवार आयेगा?

इतवार आ गया।

मैं प्रो. काम्बले जी के निवास पर पहुँच गया। दरवाजे की घंटी बजा दी। दरवाजा खुल गया। मैंने काम्बले जी के बारे में पूछा। जवाब आया, "सर देर रात तक काम करते रहे हैं। अभी सोये हुए हैं। आप दोपहर में आ जाइए।" मैं नाउम्मीद हो गया। अब दोपहर तक क्या करेंगे? तब तक प्रो. काम्बले जी के निवास का दरवाजा बन्द हो गया था।

मैं फिर दोपहर में गया। दरवाजा खुल गया। दीवानखाने में आगन्तुक की तरह बैठ गया। समाचारपत्रों के रविवारीय संस्करण टेबुल पर बिखरे हुए थे। मैंने एक समाचारपत्र उठाकर पढ़ लिया। उसमें प्रो. काम्बले जी की पुस्तक की समीक्षा छपी हुई थी। मैं समीक्षा पढ़ने लगा। सर जाग गए थे। उनकी खाँसने की आवाज़ आ रही थी। उनके लिए चाय उनके कमरे में भेजी गयी। सर की हलचल सुनाई देती रही। लेकिन अभी वह बाहर नहीं आ रहे थे। मेरे आने की खबर उन्हें दी गयी थी।

मैं अपनी डायरी में दर्ज करता रहा—जब मुझे भी पुरस्कार मिल जायेंगे तब मैं भी ऐसा ही बँगला बनाऊँगा। फिर मेरे पास भी होनहार लेखक मार्गदर्शन के लिए आ जायेंगे। तब मैं भी प्रो. काम्बले की तरह खासूँगा। गुनगुनाऊँगा। फिर मेरी पत्नी होनहार लेखक से कहेगी, 'सर काम में व्यस्त हैं, बाद में आना।' मैं इस तरह के सपने में खो गया था। तभी प्रो. काम्बले आ गये। मैंने उनकी ओर देखकर मुस्कुराने का प्रयास किया। आप कुर्सी पर विराजमान हो गये। मेरी पाण्डुलिपि के बारे में कुछ पूछने से पहले ही वे स्वयं पाण्डुलिपि के बारे में बोलने लगे, "तुम्हारी पाण्डुलिपि पढ़ ली है मैंने। अच्छा लिखा है। छापा जा सकता है, लेकिन अभी उसमें कुछ और बातों को जोड़ना होगा। नहीं तो उसकी पर्याप्त चर्चा नहीं हो पायेगी।" मैं एक शिष्य की तरह उनकी बातें आज्ञापालन के भाव से सुनने लगा। प्रो. काम्बले ने बताया, "तुम्हें कुछ और लिखना होगा। तुम्हारे अनुभव चूक गये हों तो तुम्हें सोचना चाहिए। तुमने अपने अनुभव तो लिखे ही होंगे, लेकिन और याद करो। टिप्पणियाँ करते जाओ। इतने अनुभव काफी नहीं हैं। ऐसा कोई कानून नहीं कि आत्मकथा के सारे अनुभव अपने ही होने चाहिएँ। उसमें कुछ कल्पनाप्रसूत अनुभव भी डाल दो। अपने मित्रों

या अन्य लोगों के अनुभव अपने ही मानकर उन्हें जोड़ दो। इससे अनुभव व्यापक हो जायेंगे। पुलिस पूछताछ करने के लिए नहीं आयेगी कि तुम्हारे अनुभव सच्चे हैं या झूठे। मधुमक्खी जैसे सब तरफ से मधु इकट्ठा करती है, वैसे ही तुम्हें भी अनुभवों को प्राप्त करना चाहिए। फिर इन अनुभवों का एक छत्ता बन जायेगा। तुम्हारे अपने अनुभवों का छत्ता। हमें अग्नि छत्ता बनाना है, समझे? तुम्हें इस में कुछ और जोड़ना ही होगा।" प्रो. काम्बले जी का मार्गदर्शन मेरे लिए बड़ा मूल्यवान था। अब तक मुझे ऐसा कोई गुरू नहीं मिला था। मैंने चैन की साँस ली। कहा, "सर, जैसा आपने कहा, मैं वैसे ही लिखूँगा। वैसे काफी अनुभव हैं। मैं अपनी आत्मकथा आप को समर्पित करने जा रहा हूँ। आपके हाथों ही इसका विमोचन भी होगा। आप मेरे गॉडफादर हैं।" काम्बले सर ने शान्ति से कहा, "तुम पहले लिखो तो सही।" उनकी आवाज़ में अनुभवों का वजन था। शायद अपने होनहार वक्त में उन्हें काफी उम्मीदवारी करनी पड़ी होगी। मुझे अपने भोलेपन का अहसास हो गया। मैं खामोश रह गया।

"जैसा कि मैंने बताया है, इसे दुबारा लिख डालो। फिर पढ़ लेंगे। उसके बाद सोचेंगे कि किस प्रकाशक को दिया जाये।"

"सर, क्या मुझे साहित्य अकादमी पुरस्कार मिल सकेगा?"

"अरे, लिखने से पहले ही पुरस्कार के सपने मत देखो। तुम्हारी आत्मकथा अच्छी है। पहले उसे ठीक से लिखकर पूरा तो करो।"

"सर, आपने मुझे प्रेरणा दी है।"

"देखो, तुम्हारी आत्मकथा का शीर्षक बहुत अच्छा है। उसे दूसरे किसी को मत बताना। वर्ना कोई चुरा ले जायेगा।"

मैं संजीदा हो गया। मुझे डॉ. खानोलकर याद आये। प्रो. काम्बले खानोलकर के नाम से चिढ़ जाते हैं। "देखो, हमें सवर्ण लेखकों के पास नहीं जाना चाहिए। दलित लेखकों के पास ही जाना चाहिए। उनसे ही मार्गदर्शन लेना चाहिए। उन्हीं से भूमिकाएँ लिखवा लेनी चाहिएं। उन्हीं को पुस्तक समर्पित करनी चाहिए। हम अपनी रचनाएँ उन्हें क्यों समर्पित करें? सवर्ण लेखकों से भूमिकाएँ क्यों लिखवायें? दलित साहित्य के बारे में वे क्या जानते हैं? कोई सवर्ण लेखक किसी दलित लेखक से भूमिका लिखावाता है क्या? कभी अपनी पुस्तक किसी दलित लेखक को समर्पित करता है? फिर हम ही ऐसा क्यों करें?"

मुझे काम्बले सर के विचार पसंद आये। मैं रूम पर चला आया। पाण्डुलिपि को देखा। प्रो. काम्बले ने ध्यान से मेरी पाण्डुलिपि को पढ़ा था। हर पृष्ठ पर निशान लगे हुए थे। सुझाव नोट किये थे। प्रो. काम्बले जी के बारे में मेरे आदरभाव में इजाफा हो गया। मैंने अपनी आत्मकथा के पहले ही पृष्ठ पर दूसरे से सुना-सुनाया अनुभव अपना बनाकर लिख दिया। अब सही मायने में मेरी आत्मकथा बेहतर हो जायेगी।

मैंने सोचा, मुझे सिर्फ काम्बले सर से ही मार्गदर्शन नहीं लेना चाहिए। और

दो एक लोगों से मिलना चाहिए, जो इस क्षेत्र में माहिर होंगे। इससे मेरी रचना और भी बेहतर हो जायेगी।

मैं एडवोकेट बन्दसोडे साहब के घर चला गया। बन्दसोडे जी ने दलित साहित्य पर पी.एच.डी. की है। मैंने उन्हें अपनी पाण्डुलिपि पढ़ने को दे दी। प्रो. काम्बले सर के मार्गदर्शन के बारे में भी बता दिया। इस पर बन्दसोडे साहब नाराज़ हो गये। उन्होंने मुझे भला-बुरा कहा।

"प्रो. काम्बले हिन्दुत्ववादी हैं। हिन्दुत्ववादियों के मंच पर जाते हैं। बाबासाहब का नाम लेने का उन्हें क्या अधिकार है? हमें हिन्दुत्ववादियों की पोल खोल देनी चाहिए। यह हमारे आन्दोलन के छिपे दुश्मन हैं।" एडवोकेट बन्दसोडे जी की आँखें गुस्से से लाल हो गयी थीं।

उनके पास मेरी पाण्डुलिपि कई दिनों तक पड़ी रही। बहुत दिनों तक मिले नहीं। आखिर मैं कोर्ट में चला गया। उनसे मिला। उन्होंने अभी तक मेरी पाण्डुलिपि को पढ़ा नहीं था। उनके साथ उनके घर चला आया। पाण्डुलिपि लौटाने के लिए कहा, तो चिढ़ गये, "मेरे पास बहुत सी पाण्डुलिपियाँ पड़ी हैं। मेरे पास वक़्त नहीं है। मैं फुरसत मिलने पर ही पढ़ सकूँगा। चाहो तो अपनी पाण्डुलिपि ले जाओ।"

मैंने चुपचाप अपनी पाण्डुलिपि उठा ली और उनके ऑफिस कम घर से लौट आया।

मेरे बन्दसोडे एडवोकेट के पास जाने की खबर प्रो. काम्बले जी के पास पहुँच चुकी थी। वे भी मुझसे नाराज हो गये।

बहुत दिनों बाद प्रो. काले की चिट्ठी आयी। काले जी एक पत्रिका के सम्पादक थे। मेरा उनसे पत्राचार था। वे मेरे लेखन के बारे में पूछताछ करते रहते। मैं एक बार उनसे मिलने गया। उन्हें बड़ी प्रसन्नता हुई। उन्होंने मेरी पाण्डुलिपि को कुतूहल से पढ़ लिया। हमारी बातचीत में एडवोकेट बन्दसोडे का जिक्र आया। उनका नाम सुनते ही प्रो काले भड़क उठे। बोले, "एडवोकेट बन्दसोडे मार्क्सवादी हैं। बाबासाहब मार्क्सवाद के विरोधी थे। इसलिए तो उन्होंने बौद्ध धर्म को स्वीकार किया। हमें कम्युनिस्टों से चार हाथ दूर ही रहना चाहिए।"

मैं भौंचक रह गया। प्रो काले अपने आप को आम्बेडकरवादी कहलाते हैं। मैं चुपचाप सुनता रहा। वे मुझे सुनाते रहे, "अपनी पत्रिका है। हम उसमें तुम्हारी आत्मकथा को धारावाहिक रूप में छाप देंगे। सभी दलित लेखकों का पहला लेखन अपनी ही पत्रिका में प्रकाशित हुआ है। अपनी पत्रिका होते हुए हम अपनी रचनाएँ अन्य क्यों भेजें?" मैं मन ही मन हिसाब लगाने लगा। मेरी आत्मकथा एक वर्ष तक पत्रिका में धारावाहिक रूप से प्रकाशित होगी। यह तो बड़ी लम्बी अवधि है। मैंने अपने आप को सँभाला। प्रो. काले से विदा ली। उनसे कह दिया कि आत्मकथा का पुनर्लेखन कर एक-एक अध्याय प्रकाशन के लिए भेज दिया करूँगा, और मैं चल पड़ा।

अपनी आत्मकथा को दलित पत्रिका में छपाने के बजाय किसी अच्छे से समाचार पत्र में ही क्यों न छपाया जाय? मैंने निश्चय कर लिया और आत्मकथा का एक अंश दैनिक केसरी को भेज दिया। अब प्रो. काम्बले, एडवोकेट बन्दसोडे और प्रो. काले मेरी आत्मकथा को समाचारपत्र में ही पढ़ेंगे। उनके मार्गदर्शन के अभाव में अपना काम कुछ रुकने वाला नहीं है। अपने लेखन में दम है।

शाम का समय। मैं सार्वजनिक ग्रंथालय में गया हुआ था। जान-पहचान के दोस्त मिल जाते थे। मिलना होता था। चाय होती थी। बहसें छिड़ जाती थीं। ग्रंथालय के दरवाजे पर ही अपर्णा खानोलकर से मुलाकात हो गयी। अचानक ही। मुस्कुराती हुई। मेरे गालों पर भी मुस्कुराहट फैल गयी। शबनम की तरह। वह पास आ गयी। "अरे, तुम्हारी आत्मकथा बहुत अच्छी बन पड़ी है। मुझे बहुत अच्छी लगी।" मैं असमंजस में पड़ गया। अपर्णा को मेरी आत्मकथा कहाँ से मिल गयी? कुछ समझ में नहीं आ रहा था। उसने बताया, "जब से सर सेवानिवृत्त हुए हैं, दैनिक केसरी के रविवारीय संस्करण का काम देखने लगे हैं। समाचारपत्र के लिए आयी हुई सारी साहित्य सामग्री सर को पढ़ने के लिए घर भेज दी जाती है। सर अभी एक अंग्रेज़ी उपन्यास के अनुवाद में व्यस्त हैं। इसलिए इस सामग्री को मैं ही देख लेती हूँ। तुम्हारी आत्मकथा का अंश इस रविवार के अंक में आयेगा। तुम अपनी एक फोटो ला दो। फिर फोटो के साथ ही उसे छापा जा सकेगा।" अपर्णा का कद मेरी नज़रों में ऊँचा हो गया।

रविवार के अंक में मेरी आत्मकथा प्रकाशित हो गयी। मिलने वालों ने बड़ी तारीफ की। मुझे भी अच्छा लगा। एक अंश के प्रकाशित होने पर ही इतनी चर्चा है, तो फिर पूरी पुस्तक प्रकाशित हो जाने पर तो अवश्य ही मेरा बोलबाला हो जायेगा। अपनी पाण्डुलिपि खानोलकर सर जी को दे देनी चाहिए। वह धारावाहिक रूप में समाचार पत्र में प्रकाशित हो जायेगी। मैं पाण्डुलिपि लेकर खानोलकर जी के घर चला आया। सर जी के सामने प्रो. काम्बले, प्रो. काले और एडवोकेट बन्दसोडे होनहार लेखक की तरह बैठे हुए थे। किसी विषय पर बातचीत हो रही थी। मैं भीतर गया। सबने मेरा अभिनन्दन किया। मेरे लिखने की तारीफ की। सबकी नज़रें मेरे हाथ की पाण्डुलिपि पर थीं। मैं स्थितप्रज्ञ की तरह बैठ गया।

कुछ देर बाद प्रो. काले, प्रो. काम्बले और प्रो. बन्दसोडे चले गये। मैंने कुर्सी बदल दी। सर जी के पास बैठ गया। उन्हें पाण्डुलिपि सौंप दी। उन्होंने उलट-पलट कर देखा। कुछ याद करते हुए मेरी ओर सूक्ष्म दृष्टि से देखा। "अच्छा किया...तुम आ गये। आज सुबह ही कुलकर्णी का फोन आया था। उन्होंने तुम्हारा लिखा पढ़ा है। तुम्हारे अनुभव सुनकर तो उनको रोना आ गया। वह अभी आने वाले हैं। हम यह पाण्डुलिपि उन्हें दे देंगे। पुस्तकें अच्छी निकालते हैं।" मैं खुश हो गया।

"सर, आप भूमिका लिख देंगे?" मैंने पूछा।

"अवश्य, मुझे अच्छा लगेगा। अभी मैं एक अंग्रेज़ी उपन्यास के अनुवाद में उलझा हुआ हूँ। पाण्डुलिपि पढ़ने की फुरसत नहीं है। तुम ऐसा करो, तीन सौ शब्द में अपनी आत्मकथा का सारांश लिख दो। कुछ पॉईंटस भी निकालना। दलित आत्मकथाओं के बारे में जो भी छपा है, वह मुझे दे देना। भूमिका लिखने में काम आयेगा।"

मैंने सर जी की बात को तुरंत मान लिया। सर जी को संतोष हो गया। कहने लगे, "प्रो. काम्बले मेरे पास पी.एच.डी. कर रहे हैं। प्रो. काले को भी मेरे मार्गदर्शन में पी.एच.डी. करनी है। दलितों को गाइड नहीं मिलता। मेरे पास अब जगह नहीं है। मैं रिटायर हो गया हूँ। मेरे अपने भी काम पड़े हैं। बहुत पहले मैंने दलित साहित्य पर एक लेख लिखा था। उसकी बड़ी चर्चा रही। फिर भी दलित लेखक मेरा जिक्र नहीं करते।" सर की आवाज़ भारी हो गयी थी। मैं गुनहगार की तरह बेचैनी महसूस कर रहा था।

सफेद मक्खी

प्रो. डॉ. खानोलकर जी के घर जाना जैसे रिवाज बनता जा रहा था। खानोलकर सर हमें मराठी पढ़ाते थे। जब वे पढ़ाते तब सारी कक्षा तल्लीन होकर सुनती। मैं खानोलकर जी का छात्र था, फिर भी मेरी उनसे कोई खास जान-पहचान नहीं थी। छह दिसंबर को होस्टल पर सर जी का भाषण रखा था। कार्यक्रम का आयोजन मैंने ही किया था। मैं होस्टल के छात्र संगठन का अध्यक्ष था। बाबासाहब आम्बेडकर स्मृतिदिन के उपलक्ष्य में खानोलकर सर प्रधान अतिथि के रूप में पधारे थे। कार्यक्रम सफल रहा। सर जी को घर से लाने और पहुँचाने के लिए मैं ही रिक्शा लेकर गया था। दोनों वक्त सर जी के घर चाय-पान हुआ। सर जी की कन्या अपर्णा मेरी कक्षा में ही पढ़ रही थी। उसी ने मुझे चाय दे दी।

होस्टल के छात्रों का कालिज में आतंक था। सब हम से डरे डरे से रहते। होस्टल के छात्रों को गुंडे माना जाता था। प्राध्यापक को उलटकर जवाब देते थे। दरअसल होस्टल के छात्र देहातों से आये गरीब घर के लड़के थे। मैं सोचा करता था कि ये इतने उद्दण्ड कैसे हो जाते हैं?

हमारी उद्दण्डता का शास्त्र क्या होगा?

हमारा बचपन कई रूपों में कुचला हुआ। गाँव के बाहर बस्ती।...दो जून की रोटी के लिए मोहताज हमारा घर...स्कूल में एक अलग कोना...गाँव में गाँव वालों की दहशत।...सिर ऊपर उठाकर चलना मुश्किल...जाति-व्यवस्था की पक्की हदबंदी। कोई जानवर भी गाँव में चौकड़ी भरकर दौड़ सकता है, लेकिन हम? सड़क के किनारे-किनारे, अपनी परछाई को बचाते हुए। पता ही नहीं चला कि गाँव की दहशत में हमारा बचपन कब बीत गया।

आज हम जवान हो गये हैं। आसपास के कई देहातों से शहर आ गये हैं। स्कूलों कालिजों के छात्रावासों में पहुँच गये हैं। छात्रावासों के कमरों में आसमान को हिला देने वाले तूफान फूट पड़ने के इंतज़ार में हैं।

एक कमरा। कमरे में हमारी संदूकें। संदूकों में छिपा हमारा बचपन—तिलचट्टे की नाईं। मैं संदूक पर बैठ जाता हूँ। दूसरा चिल्लाता है, 'संदूक पर मत बैठ रे!'

मैं नीचे बैठ जाता हूँ। जबान पर भीमगीत आ जाता है। मैं ऊँची आवाज़ में गाने लगता हूँ। सारे रूम पार्टनर कोरस में गाने लगते हैं। कोई टेबल पर ही बाजे की संगत देने लगता है। कोई संदूक पीटने लगता है। कमरे में गाना गूँज उठता है। केशव को खिड़की से बाहर एक लड़की गुजरती हुई दिखाई देती है। वह सीटी बजाता है और गाना बेरंग हो जाता है।

हम सब खिड़की पर पहुँच जाते हैं। प्रतिस्पर्धाभाव से लड़की की ओर देखते हैं। लड़की तो ईद का चाँद है। कोजागिरी की पूनम है।

हम सबकी नजरें उसके अंगांग पर गड़ी हुईं। संगीन की तरह। वह अगर मुस्कुरा देती तो हमारी नजरों के फूल बन जाते। उसने तिरस्कार किया होता तो हमारी खिड़की नाराज़ हो जाती। लेकिन उसने कुछ भी नहीं किया। वह धीरे बहने वाले प्रवाह की तरह बहती हुई चली गयी। हम उसकी ओर तब तक देखते रहे, जब तक आँखों से ओझल नहीं हुई।

रौंदा गया बचपन ऐसे ही कभी लहलहा उठता है। हाथ कसमसाते हैं। दिमाग पागल हो जाता है। बदन ऐंठ जाता है। हम मनुष्य नहीं हैं। मनुष्य के अलावा सबकुछ हैं। पशु, पाषाण, झाड़-पत्ती वगैरह। बदन में एक के बाद एक तूफान घुमड़ने लगते हैं। जुल्म की बिजलियाँ कड़कने लगती है। हम मौत को लाँघकर जीना शुरू कर देते हैं। डर को जूते की तरह निकाल कर रख देते हैं, जिंदगी के दरवाज़े के बाहर।

एक बार खानोलकर सर की लड़की को हमारे होस्टल के लड़कों ने छेड़ा था। सर होस्टल के लड़कों की मर्जी सँभालते रहते हैं। शायद उनकी सभ्यता होस्टल से खौफ खाती होगी। इसी खौफ से मुक्त होने के लिए वे बार-बार मुझे अपने घर बुलाते होंगे। मैं भी उनके घर जाता हूँ। उनसे पढ़ने के लिए किताबें ले आता हूँ।

जब मैं बोलता हूँ तब सर जी की समाधि लग जाती है। मेरी जिंदगी की यादें चिमगादड़ की तरह सर जी के दीवानखाने में दौड़ती हैं। उनमें से एक उनके देवघर में घुस जाती है। एक किचन में सर जी की पत्नी के पास। पचास पार की आयु में भी सर जी की पत्नी कैसी तरोताज़ा दिखाई देती है। सर जी की कन्या अपर्णा चाय ले आती है। उसके खुले बाल मेरे बदन पर उतर आते हैं, बिदाती परिंदों जैसे।

मेरी आवाज़ की दाहकता को सर जी रसिकता से ग्रहण करते हैं। मैं अपनी आपबीती कहता हूँ। सर जी मुझे प्रोत्साहित करते हैं। मैं कहने लगता हूँ। सर जी कहते हैं, "अरे, आज हम सफेदपोश लोगों के अनुभवों की कोई औकात नहीं है। एक जमाना था जब कल्पनाप्रसूत साहित्य रचना खूब पसंद की जाती थी। आज लोगों का तकाज़ा यथार्थ के लिए है। दलितों के अनुभव बहुत कीमती हैं। दलित साहित्य की रचना करने के लिए लेखक होने की कोई आवश्यकता नहीं है। तुम बस अपने अनुभव जैसे हैं, वैसे लिख डालो। बड़ा मजा आ जायेगा। तुम्हारी किताब

का नाम हुआ तो तुम्हें बड़े-बड़े पुरस्कार भी मिल जायेंगे। तुम मशहूर हो जाओगे। तुममें वह ताक़त है।" सर मुझे गढ़ रहे थे और मैं गढ़ता जा रहा था।

सर जी की सिफारिश के कारण 'दैनिक केसरी' के रविवारीय संस्करण में मेरी दो कहानियाँ छप गयीं। मैं लिखने लगा। प्रतियोगिताओं में भाग लेने लगा। दैनिकों, पत्रिकाओं के लिए कहानियाँ भेजने लगा। कहानियाँ प्रकाशित नहीं होती थीं। सधन्यवाद लौट आती थीं। सवर्ण सम्पादक दलित लेखक का साहित्य नहीं छापते, इसलिए मैं व्यवस्था पर गुस्सा हो रहा था।

सर जी मेरी बातें सुन लेते। पढ़ लेते। कुछ सुझाव दे देते। इसलिए मैं उन के पास बार-बार जाने लगा। सर जी की पत्नी मुझे साग-सब्जी लाने भेजने लगी। वे मुझे डाक डालने के लिए कहते। अपर्णा मुझे लाँड्री भेजने लगी। मैं बड़ी खुशी से उनके घर के काम करता था। मेरे मन में एक ही लोभ था कि सर जी की पहचान से अपनी किताब निकलेगी। अपनी पहली किताब मैं सर जी को ही समर्पित करूँगा। मन ही मन मैंने इस बात का निश्चय किया था।

सर जी सुन लेते।

मैं बोला करता।

मरे जानवर की खाल उतारने की तरह मैं अपनी ज़िंदगी को छीलकर रख देता।

"सर जी, मैं एक वेश्या का बेटा हूँ। उसने अपने शरीर को बेचकर मुझे पढ़ाया। सर जी, जब माँ के पास कोई ग्राहक आ जाता तो हमें बड़ी खुशी होती थी, क्योंकि तब हमें खाने को मिल जाता था। दलित स्त्रियाँ ही वेश्या क्यों बन जाती हैं, सर जी?"

मेरा गला भर आता और मैं रुक जाता। सर जी कहा करते, "बोलते रहो, खुलकर बोलते जाओ।"

"सर जी, पुरूष का शिश्न महापाप है। स्त्री की योनि महापुण्य है। मुआफ कीजिए सर जी, मैं आपके घर में अश्लील बात कर रहा हूँ। लेकिन हमारी बस्ती में ऐसे ही शब्द चलते हैं। पंडित को जैसे सत्यनारायण की पोथी याद रहती है, वैसे ही हमें ये शब्द याद रहते हैं। कोई क्या कर सकता है?"

सर जी सुनते हुए प्रसाद दान के ओंकार की तरह बोल देते, "अजी सुनती हो, दो कप चाय तो बनाना।"

मैं अपना अहोभाग्य समझता। रूम पर जाता हूँ तो रात का भोजन खत्म। सिर्फ चाय का ही सहारा। सर जी कहते, "तुम आते रहो बीच-बीच में। मुझे अच्छा लगता है। तुम बहुत अच्छा बोल लेते हो। हमारे लिए कोई अड़चन नहीं है। शाम को चार-पाँच बजे का समय सुविधाजनक होगा। मैं कहीं बाहर नहीं जाता।" सर जी की आवाज़ मन्दिर के गर्भगृह की तरह गहरी बन जाती है। सर की मुद्रा धीर-गम्भीर। सहसा उनकी नकली दंतावली गिर पड़ती है। "अरे, मेरे दाँत गिर गये!"

कहते हुए खीझ उठते हैं। गिरे हुए दाँत उठाकर जेब के हवाले कर देते हैं। दाँतों के बिना सर जी का चेहरा काफी बूढ़ा लगने लगता है। मैं सर जी से विदा ले लेता हूँ।

अगले महीने में सर जी रिटायर होने वाले हैं।

सर जी अच्छे थे। अच्छा पढ़ाते थे। मैं होस्टल जाता हूँ। मेरे रूम पार्टनर आखिरी शो देखने गये हैं। वे देर रात आ जायेंगे। मैं कालिज रोड की ओर निकल पड़ता हूँ। नाइट कालिज के लड़के-लड़कियाँ घूम रहे हैं। बिजली के खम्भे के सहारे एक लड़की एक लड़के से चिपककर कानाफूसी कर रही है। मैं जोश में आ जाता हूँ। इस साले को ठोकर मारकर मुझे इस लड़की के साथ बातें करनी चाहिएँ। लेकिन नहीं हो सकता। अपनी गरीबी की वजह से कोई हम से प्यार नहीं करता। मुझे गरीबी पर बेहद गुस्सा आता है। लगता है, झोपड़ों को आग लगा दी जाए। मुझे अपने माँ-बाप पर शर्म आती है। बदन के कपड़े फाड़कर फेंक देने को जी चाहता है। मुझे अपने माँ-बाप का रूप, संस्कार और गरीबी ही विरासत में मिल गयी है।

मैं रूम पर लौट आता हूँ।

रात में मैं और रूम पार्टनर साथ में बैठकर चर्चा करते हैं। "सिनेमा अच्छा था, तुम्हें आना चाहिए था।" केशव ने मुझे आजमाते हुए कहा। मैंने प्रस्ताव रखा, "सर जी अगले महीने में रिटायर हो रहे हैं। उन्हें कुछ प्रेजेंट देना चाहिए।" तुरंत राहुल का सुझाव आता है, "सर को आम्बेडकर जी की तस्वीर दे देंगे।" समझौते के सुर में केशव ने कहा, "आम्बेडकर जी की तस्वीर देने पर उन्हें उसे घर में रखना होगा, नहीं तो बाबासाहब का अपमान होगा। इससे तो अच्छा कि कोई दूसरी चीज़ दे दो।" काफी बहस छिड़ जाती है। राहुल अपनी बात पर दृढ़ रहता है। अन्ततः बाबासाहब की तस्वीर देने की बात को सब स्वीकार करते हैं, और हम सो जाते हैं।

सर जी रिटायर हो जाते हैं।

हम एक समारोह में उन्हें बाबासाहब की तस्वीर भेंट करते हैं।

पता नहीं चलता कि बाबासाहब की उस तस्वीर का सर जी ने क्या किया। उनके घर में वह नजर नहीं आती। हम दो-तीन बार जान-बूझकर उनसे मिलने जाते हैं। सर जी प्रेम से पेश आते हैं, किन्तु बाबासाहब की तस्वीर कहीं नजर नहीं आती। मेरे होठों पर हजारों गंदी गालियाँ आ जाती हैं, लेकिन मैं मुस्कुराकर विदा होता हूँ। हम इस निश्चय के साथ निकल आते हैं कि फिर कभी इस घर की सीढ़ियाँ नहीं चढ़ेंगे।

सवर्ण व्यक्ति चाहे कितना भी प्रगतिशील हो, घर में वह जातिवादी ही होता है। उसके खाने के दाँत अलग और दिखाने के अलग होते हैं। इन जहरीले दाँतों को उखाड़कर फेंक देना चाहिए। यह दंश बड़ा जहरीला होता है। वह समूची पीढ़ी को बरबाद कर देता है।

दिन गुजर जाते हैं।

मेरा अन्तिम वर्ष है। अगले साल मुझे होस्टल छोड़ना पड़ेगा। होस्टल छोड़ने की बात से मैं दहल गया। मुझे दुनिया में कुछ नहीं चाहिए। न माँ, न प्रिया। मुझे बस, होस्टल का यह रूम चाहिए। रूमपार्टनर चाहिए। मैं होस्टल को भूल नहीं सकता।

मुझे रेक्टर की याद आती है। होस्टल के बीच से राजकुमारी की तरह जानेवाली जीन पैंट पहने रेक्टर की बेटी याद आती है। इस खिड़की में बैठकर मैंने उसे कितनी बार निहारा है। इन यादों को छोड़कर कैसे विदा होंगे? रूम की दीवारों पर मनपसंद अभिनेत्रियों की बिल्कुल नयी तस्वीरें। अलमारी पर। खिड़कियों पर। दरवाज़े पर। लेकिन दीवार पर 'जयभीम' लिखा हुआ। यह रूम मेरी संवेदनाओं का हिस्सा है। वासना और विचार मेरे दो साथी हैं।

मैं खानोलकर सर का उपन्यास पढ़ता हूँ। सर जी ने मुझे पहली मुलाकात में ही भेंट दिया था। होस्टल के छात्रों का नेता था, इसलिए। मैंने इस उपन्यास को कई बार पढ़ा है। सर जी युवकों की प्रणयभावना पर कितनी सहजता से लिख लेते हैं। सर जी कहा करते, "मुझे दलितों के जीवन पर एक उपन्यास लिखना है।" मैंने सर जी के उपन्यास की समीक्षा भी लिखी थी। सर जी उसे छपवा भी लाये थे। हमेशा कहा करते, "आज की युवा पीढ़ी को मेरी रचनाएँ पसंद आती हैं। बस मुझे और क्या चाहिए।"

इस बीच सर जी के भाषणों के बारे में कुछ समाचार पत्रों में पढ़ा था। उनके दो-एक लेख भी पढ़ने में आये। अपर्णा ने कालिज बदल दिया था। उससे भी मुलाक़ात नहीं हो पाती थी। सर जी ने मेरे बारे में कुछ लोगों से कहा था, "वह लड़का हमेशा मेरे पास आता रहता था। हमने कभी उसे हीन नहीं समझा।"

सुबह केशव ने बताया, "आज शाम को खानोलकर सर के उपन्यास का विमोचन समारोह है। उन्होंने दलितों के जीवन पर उपन्यास लिखा है। बहुत दिनों से सर से मिलना नहीं हुआ, उनके घर भी नहीं गये, विमोचन-समारोह में हमें जाना चाहिए।"

मैं और रूम पार्टनर विमोचन समारोह में उपस्थित हो गये। कालिज के बहुत-से छात्र-छात्राएँ आये हुए थे। हमारे जाने से पहले ही विमोचन हो चुका था। प्रो. देशपाण्डे खानोलकर सर के नये उपन्यास पर बोल रहे थे। भाषण में रंगत बढ़ने लगी थी– "खानोलकर जी का यह नया उपन्यास दरअसल दलित साहित्य का बेहतरीन नमूना है। यह जो कहा जाता है कि सिर्फ दलित ही दलित साहित्य की रचना कर सकते हैं, इस बात को झूठ साबित करने वाली यह रचना है।" प्रो. देशपाण्डे जोश में बोले जा रहे थे–

"इस उपन्यास के कुछ वाक्यों का मुआयना कीजिए –

'सर, मैं एक वेश्या का बेटा हूँ। उसने अपना शरीर बेचकर मुझे पढ़ाया है।

सर, जब माँ के पास कोई ग्राहक आ जाता तब हमें बड़ी खुशी होती थी, क्योंकि तब हमें खाने को मिल जाता था। दलित स्त्रियाँ ही वेश्या क्यों बन जाती हैं, सर?'—इन वाक्यों को पढ़ते हुए हम दहल जाते हैं। किसी दलित के लिए भी इतना प्रभावपूर्ण लिखना सम्भव नहीं होगा।"

मैं सुन्न रह जाता हूँ।

सर के उपन्यासों के यह वाक्य तो मेरे हैं। मैंने सरजी को कहानी पढ़ने के लिए दे दी थी। उन्हें पसंद भी आ गई थी। बोले थे, "हम इस कहानी को किसी अच्छी जगह पर प्रकाशित करेंगे। इस वर्ष के दीवाली विशेषांक के लिए दी जा सकती है। इसे मेरे पास रहने दो। मैं सम्पादक के पास भेज दूंगा।" मैंने भी स्वीकार कर लिया। मेरी कहानी कभी छपी नहीं। सर ने मेरी कहानी को उपन्यास बना दिया था। पात्रों के नाम बदल दिये थे।

सर जी बोलने के लिए खड़े हो गये। कइयों ने उनके पास पर्चियाँ भेजी थीं। मैंने भी एक पर्ची भेज दी—'आपको यह उपन्यास लिखने की प्रेरणा कहाँ से मिली?' सबकी चिठ्ठियों को देखकर सर बोलने लगे, "मेरे पिताजी बहुत प्रगतिशील थे। धार्मिक होने के बावजूद दकियानूसी नहीं थे। उस जमाने में हमारे घर में बरतन माँजने, कपड़े धोने के लिए हरिजन स्त्री थी। फिर जब मैं प्राध्यापक बन गया तब कई दलित छात्रों से सम्पर्क रहा। मेरे भावविश्व का विस्तार हो गया। घर के प्रगतिशील परिवेश के कारण ही मैं यह लिख सका।" सर बोल रहे थे। पत्रकार लिख रहे थे। कैमरामैन तस्वीरें उतार रहा था। मुझे लगा कि सरजी अपने भाषण में मेरा जिक्र करेंगे। लेकिन नहीं किया। कार्यक्रम सम्पन्न हो गया। मैं सरजी से मिला। उनका मैंने अभिनन्दन किया। उन्होंने आत्मीयता से मेरी कुशलता पूछी।

"मुझे आपका उपन्यास चाहिए। मैं उसपर लिखना चाहता हूँ।" मैंने सानुरोध कहा। "कल घर आना। पुस्तक लेते जाना। बहुत दिन हुए तुम घर नहीं आये।" उन्होंने मेरे हाथों को दबा दिया। सर के आसपास रसिकों की भीड़ बढ़ने लगी थी। मैं भीड़ से बाहर चला आया।

कार्यक्रम-स्थल पर पुस्तक रियायत में बिक रही थी। स्टाल पर भीड़ थी। मैं अपने पार्टनर के साथ वहाँ पहुँच गया। हमारे पास रुपये नहीं थे। मैंने केशव को धीरे से कह दिया, "कुछ भी हो इस पुस्तक को चुराना है।" केशव ने पुस्तक को उठा लिया। कमीज के भीतर छिपा दिया। और मेरी चिकोटी काट दी। हमारा काम बन गया था।

हम बाहर निकल आये। उडपी के होटल में घुस गये। आधी-आधी चाय ले ली। पुस्तक को उलट-पुलट कर देखा। आँखें अंगारा बनने लगीं। कनपटियाँ तपने लगीं। "केशव, यह मेरी कहानी है। खानोलकर ने मेरी कहानी चुराई है और उसका उपन्यास बना दिया है।" पहली बार

मैं सर जी कहने के स्थान पर 'खानोलकर' कह रहा था। संताप के कारण तप्त लोहे जैसा लाल हो गया था।

"उसने तुम्हारी कहानी पर हाथ मारा है तो तुम उसकी बेटी को भगा लो।" केशव खिलखिलाकर हँस पड़ा। मैं हँस नहीं सका। मैं संजीदा हो गया था। केशव ने सिगरेट सुलगा ली। "तभी मैं कह रहा था कि ये बम्मन साला दलितों की ज़िंदगी पर कैसे लिख सकेगा? साले ने चोरी की और महान लेखक बन गया। मेरी तो साफ़ राय है कि हर लेखक चोर होता है। वह लोगों के अनुभवों को चुराकर लिखता है।" केशव ने धुएँ के छल्ले कलात्मक ढंग से हवा में छोड़ दिये।

"अरे, अब तुम अपना फलसफा रहने दो। मेरे बारे में क्या करने की सोची है?" मैंने सवाल किया।

"रात में पूरी पुस्तक को पढ़ डालो। सुबह सोचेंगे।" केशव ने हाथ की सिगरेट को बुझाते हुए कहा। हम सब चल पड़े। होस्टल पर आ गये। रात चढ़ चुकी थी। सारा होस्टल पढ़ाई में अन्ताक्षरी में दंग था। मंदिर में शान्तिपूर्वक जलनेवाले दीप की तरह हर रूम में रोशनी। हर खिड़की में शान्ति रोशन हो रही थी। होस्टल की छत पर कुछ लड़के पढ़ रहे थे। केशव का गेस्ट आया था। वह मिल में काम करता था। बदले में हम उससे सिनेमा देखते, चाय पी लेते। गेस्ट वडापाव लाया था। मुझे अच्छा लगा।

भोर के चार बजे हैं। उपन्यास के कुछ आखिरी पन्ने बचे हैं। 'सर, पुरुष का शिश्न महापाप है। स्त्री की योनि महापुण्य है। मुआफ कीजिए सर जी, मैं आपके घर में अश्लील बातें कर रहा हूँ, लेकिन हमारी बस्ती में ऐसे ही शब्द चलते हैं। पण्डित को जैसे सत्यनारायण की पोथी याद रहती है, वैसे ही हमें ये शब्द याद रहते हैं। कोई क्या कर सकता है?' मैं उपन्यास पढ़ रहा था और बेचैन होता जा रहा था।

यह उपन्यास नहीं था, यह तो मेरी ज़िंदगी थी। मैंने जो कुछ कहा, वह शब्दशः इस उपन्यास में आया है। भडुए ने इतना सब कुछ कैसे याद रखा होगा? शायद उसके पास पॉकेट टेपरिकार्डर होगा। हम भी कैसे बावले हैं। इन प्रगतिशीलों के घर जाने पर उनकी बीवी बच्चियों को देखने में खोये रहने की बनिस्बत पहले यह देख लेना चाहिए कि कहीं टेपरिकार्डर तो नहीं चल रहा है। मैंने उपन्यास को पूरा पढ़ डाला। मेरे बदन में ज्वर चढ़ चुका है। मैं अपना चेहरा उपन्यास से ढाँपकर सो जाता हूँ।

मैं सपना देख रहा हूँ।

मैंने बेहद पी रखी है। बहुत नशा हो गया है। और मैं खानोलकर सर के घर में घुस रहा हूँ। मैं जोर-जोर से चिल्ला रहा हूँ। 'यह अपर्णा मेरी है। तुम चोर हो।' सर और सर की पत्नी परेशान हो गये हैं। अपर्णा सहमी-सी खड़ी है। मैं बहुत कोशिश करता हूँ। मुझे अपर्णा नहीं, कहानी कहना था। लेकिन कोशिश के बावजूद कह नहीं

पाता। मैं चिल्लाता हूँ, 'यह अपर्णा मेरी है।' सर आकर मुझे पकड़ कर घर के बाहर खींचने लगते हैं। मेरा सपना टूट जाता है। केशव ने मेरा हाथ खींचकर मुझे नींद से जगा दिया है।

हम सुबह ही खानोलकर जी के घर पहुँच जाते हैं। मैं, केशव और हमारा गेस्ट। हम तीनों। अपर्णा दरवाजा खोल देती है। हमें सुबह-सुबह देखकर उसकी मुद्रा के भाव बदल जाते हैं। "सर जी से मिलना है," मैं कहता हूँ।

अपर्णा दरवाजे में ही खड़ी रह जाती है। "सर प्रातः ही धारवाड चले गये हैं। रात में फोन था। मेरे चाचाजी को हार्ट अटैक आया है।"

"दरवाजा तो खोल दीजिए।" केशव ने ढिठाई से कहा।

"सर नहीं हैं।" अपर्णा ने कहा। फिर भी हमने दीवानखाने में प्रवेश किया।

शायद मैडमजी ने हमें दूर से ही आते हुए देखा था और अपर्णा को दरवाजा बंद करने के लिए कहा था।

"केशव, मेरे पीछे चले आओ।" मैं और केशव बेडरूम की तरफ दौड़ पड़े। हमारे पीछे मैडम। "अरे, यह क्या कर रहे हैं आप?"

हम कुछ सुनने के मूड में नहीं थे। बेडरूम में घुस गये। सर जी समाचारपत्रों में आये पुस्तक विमोचन समारोह के समाचार पढ़ते हुए लेटे हुए थे। हमें देखकर मुस्कुरा पड़े। उठ बैठे। हम झुंझला गये। "अरे बैठो-बैठो, हमारे घर में कोई छुआछूत नहीं है। बैठो यहाँ।" हम खड़े ही रह गये।

"चलिए, दीवानखाने में बैठते हैं। हमारे साथ एक गेस्ट भी है।" सर ने हमारी बात मान ली। हम दीवानखाने में आ गये। अपर्णा झेंप गयी, "पप्पा को रात में बी. पी. की बहुत तकलीफ हो गयी थी। रात में बेसुध हो गये थे। डॉक्टर ने पूरा आराम करने का मशवरा दिया है। उन्हें ज्यादा बोलने न दीजिए।" मैं बेकाबू हो गया था। मन के क्रोध को उलट देना चाहता था।

"डॉ. खानोलकर, आपने यह उपन्यास मेरी कहानी के आधार पर लिखा है। इसका नायक मैं हूँ। इसके सारे वाक्य मेरे हैं।" सर धीर-गम्भीर। अपर्णा गुस्से से तमतमा रही है। "अरे, सर महाराष्ट्र के बड़े लेखक हैं। इन्होंने ज़िंदगी-भर मराठी की सेवा की है। उन्हें कई मान-सम्मान प्राप्त हो गये हैं। तुम उन पर इल्जाम लगा रहे हो? तुम लोगों को घर में आने दिया, यही गलती हो गयी। तुम्हारी जगह तो घर के बाहर ही है, सीढ़ियों के पास! समझ गये?"

मैं भी बेकाबू हो गया, "सर ने मेरी कहानी चुरायी है। वर्ना क्या वे हम दलितों की जिंदगी लिख सकते हैं?"

"अरे, कल्पनाशक्ति के आधार पर कोई भी दलित जीवन का चित्रण कर सकता है। प्रतिभा सम्पन्न लेखक के लिए यह कोई मुश्किल काम नहीं।" सर हमें गम्भीरतापूर्वक समझाने लगे।

"प्रतिभासम्पन्न?" केशव व्यंग्य से हँस पड़ा। गेस्ट खामोश बैठा हुआ था। मैं अपना सन्तुलन खो बैठा। "यह उपन्यास काल्पनिक नहीं है। यह उपन्यास यथार्थ है। आपने मेरे साथ मीठी-मीठी बातें कीं, मुझे चाय पिला दी और मुझसे बहुत कुछ निकलवा लिया। मेरी कहानी का उपन्यास बना दिया। इसका नायक मैं हूँ, मैं।" मैं ताव में आकर बोल रहा था कि इतने में फोन की रिंग बज उठी। माहौल में तनावभरी शान्ति। अपर्णा ने फोन उठाया। दैनिक के सम्पादक बोल रहे थे। सर ऐसे भाव से बोलने लगे मानो घर पर कुछ हुआ ही नहीं था। "देखिए सम्पादक जी, पहले ही दिन मेरे घर पर दलितों का एक दल आया है। मैं इसे अपने लेखन की सफलता मानता हूँ। होस्टल के कुछ छात्र हैं। उन्हें यह उपन्यास बिल्कुल ही काल्पनिक नहीं लगता। एक का तो यह भी कहना है कि इस उपन्यास का नायक वही है। पाठक इस तरह अनुभव करें, इसी में रचना की ताकत है। अब भी ये लोग डटकर बैठे हैं। आप अपने कैमरामैन और संवाददाता को भेज दीजिए। अच्छी न्यूज बन जायेगी। फुरसत हो तो आप भी चले आइयेगा। दोपहर का भोजन भी साथ-साथ हो जायेगा। बहुत दिनों से आपके दर्शन नहीं हुए।" सर ने फोन रख दिया।

"चलते हैं।" मैंने कहा।

"अरे, रुको, चाय पीकर जाना। जल्दी क्या है?"

"सर! अब प्रेस का कैमरामैन आ जायेगा। हमारी तस्वीरें उतार लेगा। कल फ्रंट पेज पर समाचार आयेगा। आपका उपन्यास दुगुना बिकेगा। चलो रे, इनकी चाय हमें रास नहीं आयेगी।" हम सब निकल पड़ते हैं। सर रुकने का अनुरोध करते हैं। दरवाजे तक चले आते हैं। मैं बिना पीछे देखे आगे निकल जाता हूँ।

"ऐसे ही लिखते रहो। तुम्हारे बुत खड़े कर दिये जाएँगे।"

केशव जाते-जाते उद्वेग से बोल जाता है। सर हाथ जोड़कर दरवाज़े पर खड़े हैं। बुत की तरह। मैडम उन्हें घर के भीतर खींच रही हैं। अपर्णा दरवाजा बंद कर लेने की तैयारी में।

हम घर के बाहर निकल पड़ते हैं और कैमरामैन घर के अंदर घुस जाता है। केशव जोर-जोर से हँस पड़ता है। लेकिन मैं शमशान से लौट आने का सुन्न भाव लेकर लौट रहा हूँ।

सरकार का जमाई राजा

आज सुबह ही एक नये क्लर्क ने ज्वाइन किया था। उसका कुलनाम वाघमारे था। 'काम्बले', 'कुलकर्णी' जैसे नामों से तो पता चल ही जाता है कि उनकी जाति क्या होगी। वाघमारे की जाति का पता नहीं चल रहा था। यदि वाघमारे दलित होगा तो अच्छा ही होगा। ऑफिस में हमारी मेजारिटी हो जायेगी। वाघमारे नाम दलितों में होता है।

दोपहर मैं वाघमारे को चाय पिलाने ले गया। इधर-उधर की बातें हुईं। लेकिन उसकी बोलचाल से उसकी जाति का कोई अंदाजा नहीं हो रहा था। मैंने वाघमारे के साथ बातें करते हुए सवर्णों को बहुत गालियाँ भी दीं। फिर दो माह बाद पता चला कि वाघमारे ब्राह्मण है।

हर गुरुवार को हमारे ऑफिस में लक्ष्मीपूजा होती थी। मुझे यह पसंद नहीं था। मैंने लक्ष्मीपूजा का विरोध किया। बाकी सब सवर्ण थे। सब मेरे खिलाफ हो गये। मैंने पूजा का चंदा नहीं दिया। दूसरे दिन डॉ. बाबा साहब आम्बेडकर जी की तस्वीर ऑफिस में लगाने की कोशिश की। इस पर सबने विरोध किया। देशपाण्डे ने कहा, "आम्बेडकर राष्ट्रीय नेता नहीं हैं। उनकी तस्वीर नहीं लगा सकते।" मैं आग-बबूला हो गया। कार्यालय में चार दलित कर्मचारी थे। हम चार जने इकट्ठा हो गये।

"लक्ष्मीपूजन करते हो। लक्ष्मीजी की तस्वीर कार्यालय में लगाई हुई है। वह क्या राष्ट्रीय नेता थी?" मैं उद्वेग से बोल रहा था। गुस्से के मारे काँप रहा था।

जोशी ने मुँह खोल दिया, "अरे लक्ष्मी तो देवी है।"

"मैं देवी-देवता नहीं मानता।"

"तुम्हें मानने के लिए कौन कह रहा है? तुम मत मानो।"

"लेकिन ऑफिस में मैं तुम लोगों की पूजा नहीं होने दूँगा। ऑन ड्यूटी पूजा करते हो? घर जाकर पूजा करना।"

"तुम्हारा क्या जाता है?"

"कल मैं भी बौद्ध भिक्खु को बुलाकर प्रार्थना करूँगा।"

"तुम कैसी बातें कर रहे हो?"

“बिल्कुल सही बातें। इस पूजा को बन्द करो नहीं तो मैं पैंथर्स के लड़कों को लाकर ऊधम मचा दूँगा।”

“हम भी शिव सेना के लड़के ले आयेंगे।”

“लाना। जरूर ले आना।”

“हम यहाँ नौकरी करने आये हैं या झगड़ा करने?”

“लक्ष्मीपूजन करने!”

मैंने विद्रोह के स्वर में कह दिया। ऑफिस में तनाव पैदा हो गया। बाहर के लोग भी तमाशा देखने लगे। जब पूजा बंद करने की बात मान ली गयी, तब मैं भी आम्बेडकर जी की तस्वीर घर ले आया।

मेरे पड़ोस में देशपाण्डे रहते थे। हमारे लक्ष्मीपूजन के विरोध की खबर छूत की बीमारी की तरह फैल गयी थी। हमारे ऑफिस में दो गुट बन गये। हम 'जयभीमवाले'। हर बात में बहसें छिड़ने लगीं। व्यंग्य से हँसना, मज़ाक उड़ाना शुरू हो गया। हम भी जैसा बन पड़ता, उलटकर जवाब दे ही रहे थे। पढ़े-लिखों का व्यंग्य बहुत चुभता था। मैं आरपार टूट जाता था। बेचैन होकर रह जाता था। “साला, हम कितना कुछ करें तो भी जीत उनकी ही होने लगी। अपना सी.आर देशपाण्डे के हाथ में है ना!” काम्बले ने अपने डर की सही वजह कह दी थी।

दूसरे ही दिन देशपाण्डे ने काम्बले को लेटमार्क दे दिया। अब हम भी भड़क उठे।

इस वर्ष कार्यालय में प्रतिवर्ष की तरह होनेवाला गणेशोत्सव हमने बन्द करवाया। काम्बले का तबादला करवाया गया।

एक लड़नेवाला आदमी कम हो गया।

हमें बहुत बुरा लगा।

फिर भी हम नाउम्मीद नहीं हुए।

“हम सब को काटकर अलग कर दिया तो भी डरेंगे नहीं। हम विरोध करते रहेंगे। अपनी रगों में बाबासाहब का लहू बह रहा है।” काम्बले की विदाई के समय की बात गइराई में जाकर अँखुआने लगी थी। गर्भ की तरह मन में पल-बढ़ रही थी।

कुछ दिनों बाद इरवाड़कर नामक एक कर्मचारी ने ज्वाइन किया। वह चमार था। हमारे साथ ज्यादा घुलमिल नहीं पाता था।

कभी हमारे गुट में तो कभी उनके गुट में रहता था। अवसर देखकर कभी जमीन पर तो कभी पानी में रहा करता था। इसलिए हम भी उससे खुलकर नहीं रहते थे। चमारों को गालियाँ देते रहते थे।

देशपाण्डे अब सिर पर चढ़ गया था। छोटे-छोटे कारणों के बहाने मेमो देने लगा था। कड़ी चेतावनी देने लगा था। गणेशोत्सव का बन्द किया जाना आग में घी डालने जैसा हो गया।

अब देशपाण्डे को डाँट पिलानी ही पड़ेगी।

मैं भीमनगर चला आया।

पैंथर्स के कार्यकर्त्ताओं से मिला।

ऑफिस में हमारे साथ अन्याय हो रहा है।

दलित होने के कारण बुरा व्यवहार किया जा रहा है।

आप लोग जरा आकर उनको धमका जाओ।

आपके बगैर उनका दिमाग ठिकाने नहीं आयेगा।

हम खर्चा उठाने को तैयार हैं।

देशपाण्डे वैसे बहुत डरपोक है.....वगैरा, वगैरा।

देशपाण्डे को धमकाने के लिए कार्यकर्त्ताओं को पार्टी दे दी। कार्यकर्त्ता भी बड़े चालू निकले। 'आते हैं' कहते थे, पर आते नहीं थे। वे हमें ही 'बकरा' बना रहे थे। चाय-पानी तक हाँ-हाँ कहते। फिर टालमटोल कर जाते। इधर देशपाण्डे की परेशानी, उधर आन्दोलन हमारे लिए कुछ नहीं कर रहा है। सिर्फ चंदा वसूलने आते हैं। हमारी लड़ाई निजी थोड़े ही थी? हम इसीलिए संघर्ष कर रहे थे कि लक्ष्मीपूजा बंद हो। आम्बेडकर जी की तस्वीर लगाओ।

लेकिन इसकी गंभीरता किसी के ध्यान में नहीं आ रही थी। मैं कार्यकर्त्ताओं को बता-बताकर तंग आ गया था। बेकार ही देशपाण्डे से झगड़ा मोल लिया। क्या हो जाता लक्ष्मीपूजा होती रहती तो? अब देशपाण्डे से माफी माँगकर छूट जाना ही ठीक होगा।

दिनेश काम्बले ऑफिस आया। उससे मेरा झगड़ा हुआ था, इसलिए मिलता नहीं था। लेकिन ऑफिस के झगड़े की खबर उस तक पहुँच चुकी थी। दिनेश के आ जाने से ऑफिस का माहौल ही बदल गया। दिनेश के साथ दस बारह कार्यकर्त्ता भी थे। देशपाण्डे के पाँव तले की ज़मीन ही खिसक गयी। मैंने दिनेश को जोर से धमकाने के लिए पंप किया।

"हमारे साथ समाज और आन्दोलन है, इसलिए ये दबकर रहते हैं। वर्ना तो हमें कच्चा चबा जाते।" मैंने दिनेश को बताया।

"तुम लोगों को आन्दोलन की याद तब आती है जब तुम पर अन्याय होता है।" दिनेश का घाव मर्मभेदी था। फिर भी मुस्कुराते हुए कार्यकर्त्ताओं को विदा किया।

"अब ऑफिस में काम करना बहुत मुश्किल होगा मेरे भाई।" जोशी ने व्यंग्य से कहा और हम समझ गये।

जोशी का व्यंग्य और दिनेश का व्यंग्य। दोहरा व्यंग्य लेकर मैं अपने टेबुल के पास पहुँच गया।

टेबुल पर एक चिट्ठी पड़ी थी। उस पर बाएँ हाथ से किसी ने लिखा था – 'सरकार का जमाई राजा'!

ओछी जात का

हम बाग में मिले। तब उसने कहा, "मेरी ज़िंदगी का यह एक नया मोड़ है।"

हम एक होटल में मिले। तब उसने कहा, "मैं तुम्हारे लिए जीना चाहती हूँ, तुम्हारी खातिर मरना।"

हम सिनेमा थिएटर में मिले। तब उसने कहा, "तुम्हारी हँसमुख सूरत ने मुझे जीना सिखाया।"

हम लॉज पर एक बंद कमरे में मिले। तब उसने कहा, "मेरी ज़िंदगी में आनेवाले तुम सबसे न्यारे पुरुष हो। मैं खुशनसीब हूँ। मैंने नहीं सोचा था कि मैं तुम्हें पा सकूँगी। मुझे लगता है कि मैं जैसे सपने में हूँ।"

प्रेम की अनोखी अनुभूति से मेरा पुनर्जन्म हो गया था। मन बेहद संवेदनशील बन गया था। दरअसल ऐसे विलक्षण क्षण की कीमत किसी भी बात से नहीं आँकी जा सकती। उससे भी कई गुना हसीन चेहरे हो सकते हैं। लेकिन इस एक चेहरे ने मुझे पागल बना दिया। दुनिया का कोई भी हुस्न मुझे इस कदर पागल नहीं बना सकता। दुनिया की नजर में वह चाहे हसीन न भी हो, लेकिन मेरी नजरों में वह लाजवाब है। मुझे जीने के लिए सिर्फ वही चाहिए। वह आती है। मैं उससे उसका नाम पूछता हूँ।

"नाम से तुम्हें क्या लेना-देना है? तुम जो चाहते हो, वह मैं तुम्हें दे देती हूँ।"

"इस देने का रिश्ता क्या है?" मेरे होठों पर दूसरा सवाल आता है।

"बगैर रिश्ते के भी जिया जा सकता है।" उसका दोटूक जवाब।

"मुझे सब कुछ चाहिए।"

वह कहती है, "स्टेप बाय स्टेप सब कुछ मिल जायेगा।"

"तुम्हारी यह स्टेप बाय स्टेप की भाषा मेरी समझ में नहीं आती।"

"कैसा घोंचू मिल गया है मुझे!" उसकी मीठी शिकायत।

"मैं क्या घोंचू लगता हूँ?" मेरी मीठी नाराज़गी।

"नहीं, मेरी चॉइस सही है।" उसका जवाब।

मेरा सन्तोष!

मैं उसकी चॉइस हूँ। उसने अपने सुख चैन के लिए मेरा चुनाव किया है। उसके लेखे मैं एक चीज़ हूँ। आदमी को चुनकर उसका बकरा बना देने का यह एक षड्यंत्र है। इसी को मुलायम शब्दों में वह दोस्ती कहती है। मैं इस दोस्ती को चाहता हूँ। बकरा तो बकरा ही सही! मैं उस के हर एक स्पर्श के लिए उतावला रहता हूँ।

हम दोनों ने एक साथ ही स्कूल में दाखिला लिया। कक्षा में वह अकेली मुखिया की बेटी। कक्षा में मैं अकेला दलित का बेटा। कभी उसका पहला नम्बर तो कभी मेरा। दोनों में पढ़ाई को लेकर होड़ रहती थी। उसका रूप और मेरी जात, मेरी गरीबी और उसकी अमीरी – दोनों में ज़मीन-आसमान की दूरी थी। वह मन लगाकर गणित के सवाल करती। तब मैं चोरी-चोरी देखा करता।

एक बार मैंने उसकी नोटबुक ले ली – गणित के सवाल करने के लिए। नोटबुक पर उसका नाम था 'नीलू'। मुझे उसके नाम का पता चल गया। मैंने उसके नाम पर धीरे से कलम चलाई। नोटबुक को गालों से लगा लिया। सीने से लगा लिया। फूल की तरह सँभाला। मैंने उसे उसकी नोटबुक लौटा दी। उसने मुझे मेरी नोटबुक लौटा दी। मैंने लौटते समय नोटबुक में मयूरपंख रख दिया था। उसकी दी हुई नोटबुक को मैंने बार-बार उलट-पलट कर देखा। बार-बार जाँच की। लेकिन उसने कुछ नहीं दिया था।

लेकिन इस नोटबुक को उसने छुआ था। इसमें उसकी नज़र छिपी थी। मैंने आँख-भर नोटबुक को देखा। पहले ही पन्ने पर मेरे नाम में सुधार किया गया था। अपने 'शरणकुमार' नाम में मैंने 'कू' लिखा था। नीलू ने संशोधन कर 'कु' कर दिया था। उसने भी मेरे नाम पर अपनी कलम चलाई होगी। उसने मेरी जिस ग़लती को सुधार दिया था, वह मुझे मीठी लगी। नीलू आज जवान है। आज दोस्त के रूप में मैं उसे ठीक लगता हूँ। हम दोनों बार-बार मिलते हैं, 'बातें' करते हैं। एक-दूसरे के कंधे पर झुक जाते हैं। एक-दूसरे का जूठा खाते हैं। यह बदलाव मेरे लिए अद्‌भुत है। मैंने स्कूल में नीलू को एक बार 'अरी' कहकर बुलाया था। तब मास्टर जी ने मुझे सजा दी थी। छात्रों ने हंगामा किया था। और मेरी माँ ने मुझे सुनाया था, "अरे वह पाटील की बेटी है। अपन ओछी जात के। उनके साथ अदब से पेश आना चाहिए। अपनी औकात में रहना चाहिए।"

नीलू की जात और मेरी जात में सूर्योदय और सूर्यास्त-जैसी दूरी थी। उसकी जात प्रतिष्ठित। सम्मानित। उसकी जात गाँव के भीतर रहने वाली। उसकी जात के अच्छे मकान, खेती-बाड़ी, अमीरी। मेरी जात गरीब, गाँव से बाहर रहनेवाली, झोंपड़ी में। साथ में गधे और सूअर। मेरी जात को ना प्रतिष्ठा ना सम्मान। तिरस्कार का व्यवहार। नीलू के और मेरे रंग में भी हमारी जातियों जितनी दूरी।

नीलू की माँ हसीन, ताज़गी भरी, पूरा गाँव उसे 'मालकिन' कहता है। मेरी माँ

काली, कुरुप। सारा गाँव उसे 'महारिन' कहता है। मेरी माँ उसके घर झाड़ू लगाने जाती है। नीलू के पिता रोबदार बड़े आदमी। मेरे पिता उनके नौकर। उसके पिता को गाँव 'मालिक' कहता है। मेरे पिता की हेठी करता है। गाँव वालों के सामने से माँ जाती है तब सिर का पल्लू और खींच लेती है। पैर के जूते निकाल कर हाथ में थाम लेती है। मन्दिर के सामने से या गाँववालों के सामने से निकलते हुए जूते न पहनने के रिवाज का पालन करती है। मैं स्कूल जाता हूँ तब और उस समय सामने से गाँव की कोई सवर्ण औरत सिर पर पानी की गागर लेकर आती है तो मैं बाजू हट जाता हूँ। दीवार से सट कर खड़ा हो जाता हूँ और उसे रास्ता देता हूँ। इसलिए कि मेरे स्पर्श या परछाईं से उसके पानी को छूत न लगे। मैं इतनी विनम्रता से पेश आता हूँ कि उसका दिल पसीज जाये। पिता गाँव में जाते। तब हर एक को 'जोहार माय-बाप' कहते हैं। मैं चुपचाप उनके पीछे चलता हूँ। लेकिन आज नीलू चुपचाप मेरे पीछे चली आ रही है! हम घास पर बैठे हुए हैं।

नीलू ने कहा, "कुछ तो बोलो।"

मैंने कहा, "तुम ही बोलो।"

उसने पूछा, "क्या सोच रहे हो?"

नीलू को खबर नहीं कि मेरे मन में किस तरह का तूफान उठा हुआ है। नीलू को मेरे साथ किसी ने देख लिया तो गाँव में मेरी झोंपड़ी को आग लगा दी जायेगी। मेरी माँ को नंगा कर दिया जायेगा। इस तरह के विस्फोटक परिणामों के बावजूद मैं नीलू के साथ घूमता फिरता हूँ। मैं एक सांस्कृतिक अपराध कर रहा हूँ। मैं अपनी औकात को भूल रहा हूँ।

नीलू और मैं एक ही महाविद्यालय में पढ़ रहे थे। हम हरदम मिलते हैं, बातें करते हैं, लेकिन इधर जो मिलना हो रहा है उसमें एक खिंचाव है। बातों का अलग संदर्भ है। हम मिलते हैं तब हमारे मन भी मिले हुए होते हैं। हमें अपनी जात याद नहीं आती। अपने संस्कार रुकावट नहीं बनते। वह, उसका बदन, मुझे अपना लगता है। विश्वास होता है कि वह मेरे सिवा और किसी की हो नही सकती। उसे लगता है कि उसपर मेरा जितना अधिकार है उतना उसकी जात, धर्म या माता-पिता का भी नहीं है। मैं उसे अपने पास खींच लेता हूँ। उसकी मुस्कुराहट मेरे रोम-रोम में चाँदनी बो जाती है। नीलू मेरी गोद में पौढ़ी हुई है। एक सुन्दरता मेरी संगत में खिल रही है। उसकी सुन्दरता से मैं चकाचौंध हूँ। यह अद्‌भुत है कि मेरे जैसे गरीब शख्स से एक सुन्दर लड़की चिपककर बैठ गयी है। हज़ारों बरसों से हमारी हज़ारों पीढ़ियाँ नीलू की जात से डरती रहीं। नीलू की जात ने हमारे स्पर्श और परछाईं का भी तिरस्कार किया है। हम हज़ारों वर्षों से इस स्पर्श के लिए, इस परछाईं के लिए कितने प्यासे रहे हैं।

मुझे गर्व का अहसास होता है कि एक सवर्ण नारी मेरे बाहुपाश में है। मैं उसे

आलिंगन में लेता हूँ। मात्र एक सुन्दरता या प्रियतमा के रूप में नहीं, बल्कि एक बड़ी जाति की नारी मेरे इतनी निकट है, इसे मैं अपने लिए गौरव की बात मानता हूँ। इस दृश्य को मेरे पूर्वजों को देखना चाहिए। इस पर खुले आम बहस होनी चाहिए। प्रेम के कारण व्यक्ति एक-दूसरे के पास आ जाते हैं। जात उनको रोक नहीं सकती। प्रेम जाति को नहीं पूछता। प्रेम से जातियाँ नष्ट हो जायेंगी। मेरा मन रोमांचित हो जाता है। नीलू की देह मेरे निकट आराम कर रही है। मैं नख से शिख तक उसके तन-बदन को चूमता हूँ। मुझे वह पवित्र लगती है। मैं उसे पूजा समझता हूँ। अपनी वर्णश्रेष्ठता की हज़ारों सीढ़ियाँ उतर कर वह मेरे कदमों के पास आ गयी है। वह मेरे चरणों को तीर्थ मानती है। मेरे मन में उसके प्रति बहुत सम्मान है। मैं उसके पैरों को भगवान से भी श्रेष्ठ मानता हूँ। मैं उसके तलुवों को चूमता हूँ। उसके तन पर रोमांच ही रोमांच दिखाई देते हैं। उसकी वह निरावृत देह किसी लोभनीय, कमनीय मूर्ति की तरह लगती है। उसकी छरहरी रानें, वृत्ताकार नितम्ब, आकर्षक उरोज, कली-जैसे होंठ, और संभोगोत्सुक आँखें। जन्म-जन्म तक जिसे देखते रह जाओ, ऐसी यह अक्षर सुन्दरता। मेरे होंठ उसके उदर पर टिके हुए। मैं खुशी से पागल। उसकी आँखों में समुन्दर का ज्वार।

"मैं आज बहुत खुश हूँ। इतना सुख मुझे कभी नहीं मिला था। सेक्स के लिए तुम्हारे जैसा दलित जवान ही बेहतर होता है। तुम रसिक भी हो।"

उसकी बातें सपने-जैसी थी। तृप्ति के तालाब में वह अपने अस्तित्व को खो चुकी थी, पर मैं अपने अस्तित्व को तीव्रता से महसूस कर रहा था। एक बार नीलू के पिता ने ऐसा ही कुछ कहा था। अब भी इन शब्दों की याद आती है। तब मैं और नीलू पाँचवी कक्षा में थे। मैं माँ के साथ नीलू के घर चला गया था। माँ नीलू के घर झाडू लगा रही थी। जानवरों के गोंठ की सफाई कर रही थी। और नीलू के पिता अपनी चण्डालचौकड़ी से बोल रहे थे—"अरे, सोने के लिए दलित औरतें ही बेहतर होती हैं।"

मैं पागल हो जाता हूँ। नीलू हो या नीलू के पिता, दोनों का नजरिया एक ही है। अपने सम्भोग-सुख के लिए वे हमें स्वीकारते हैं। नीलू के पिता 'मालिक' बनकर अधिकार जतायेंगे तो नीलू दोस्त बनकर मुझे बाँहों में भर लेगी। और हम इसे प्यार समझकर फिदा हो जायेंगे। मेरी नसें तन जाती हैं। मेरे खून में नाग फुफकारने लगते हैं। नीलू की नंगी देह से घिन आने लगती है। नख से शिख तक उसकी देह पर थूकने की इच्छा होती है। मैं उसकी ओर देखता हूँ और मुझे शवागार की याद आ जाती है।

अपने गाँव से महाविद्यालय में पहली बार प्रवेश करने वाले हम दोनों — मैं और नीलू। दोनों एम.बी.बी.एस के अन्तिम वर्ष में। अब मेडिकल कालिज में हमारे प्यार के चर्चे हो रहे थे। हम दोनों कई बार साथ-साथ नजर आते थे। नीलू और मेरे

नाम से दीवारें रँगी हुई थीं। नीलू परिवार नियोजन के साधनों का इस्तेमाल कर रही थी। अतः हम मुक्त होकर सुख भोग रहे थे। नीलू सुख से पागल हो गयी थी। वह बेहोश-सी पड़ी हुई थी। मैंने उसके चेहरे की ओर देखा और फिर धीरे-धीरे उसके पूरे बदन की ओर। मुझे अपने से घिन हुई। मैंने उसके नंगे बदन पर शॉल डाल दी।

मेडिकल कालिज का शवागार। शवागार में लाशें। शव-विच्छेदन करनेवाले सीनियर डॉक्टर। मैं मनुष्यों की लाशों को देखता हूँ। मुझे अपना बचपन याद आता है। मरे हुए जानवर की खाल उधेड़नेवाला मेरा बाप और उस जानवर का पैर पकड़े खड़ा हुआ मैं। सीनियर डॉक्टर मृत नारी देह का विच्छेदन कर रहे थे। उन की सहायता के लिए जो नौकर थे, वह दलित थे। उन्होंने ऐसी कई रूपसियों की नंगी देह देखी होगी। कभी-कभी मुझे बुला लेते। 'सर, इस औरत ने मुझे ओछी-जात का कहा था। आज शव-विच्छेदन के वक़्त वह मेरे हाथों में है। मुझे वहशी खुशी मिल रही है।' मेरे मन में जो चल रहा है, उसका पता अगर नीलू को चले तो? मेरी और नीलू की दोस्ती की खबर गाँव तक पहुँच ही गयी है। मेरे पिता को नौकरी से निकाल दिया गया। मेरी माँ को हवेली पर बुलाकर निर्वसन कर पीटा गया है। मौत के डर से वे भाग आये हैं। मैं सन्न रह गया हूँ। नीलू मिलती है। उसे मैंने सब कुछ बता दिया। वह संजीदा हो जाती है। "शरण, मुझे तुमसे दोस्ती नहीं करनी चाहिए थी। ग़लती मेरी है। हम दोनों की जातियाँ अलग हैं। मैंने सिर्फ दोस्त के नाते तुम्हें चुना था। जीवन-साथी के रूप में नहीं। खुशी तुम्हें भी मिल गयी, और मुझे भी। अब हम अलग हो जायेंगे। तुम्हारी और मेरी शादी हो नहीं सकती। मैंने इस दृष्टि से कभी सोचा भी नहीं। तुम अपनी जाति के बारे में क्यों नहीं सोचते? अपनी जाति को याद कर और मुझे भूल जा।" नीलू की बातों से मन में दरारें पड़ जाती हैं। माँ का विलाप याद आता है। पिता का विवश चेहरा नजर के सामने आता है। उन्हें गाँव से निकाल बाहर कर दिया गया है।

मैं पाटील के घर में घुस जाता हूँ। पाटील आराम कर रहे हैं। मैं आसानी से उनके पलँग के पास पहुँच गया। पाटील परेशान। हमारी हज़ार पीढ़ियों में किसी ने हवेली में इस तरह प्रवेश नहीं किया था। जो कोई आया वह झाड़ू लगाने ही आया। लेकिन मैं निडर होकर आ गया। बिना किसी की पर्वाह किये। पाटील मेरे सामने खड़े थे। मेरे माँ-बाप को मिली यंत्रणा मुझे हैवान बना रही थी। नीलू के इनकार ने मुझे उकसाया था। मैंने पाटील के मुँह पर बता दिया, "मैं तुम्हारी बेटी को भगा ले जाऊँगा। वह मेरी है। ये रहे उसके प्रेमपत्र।" पाटील के हाथ में नीलू की चिट्ठियाँ दे दीं और जोश के साथ हवेली के बाहर चला गया।

मगरुर पाटील के हाथ में मैंने उसकी लड़की के प्रेमपत्र दे दिये। उसे चिल्ला-चिल्ला कर बता दिया कि तेरी बेटी मेरे जैसे शूद्र की शय्या पर आती रही थी। हवेली हिल गयी। ख़ानदानी दहलीज काँप उठी। मेरे अक्खड़ बर्ताव से पूजा

स्थान रोने लगा। पाटीलनी ने मेरे पैर पकड़ लिये। मैं पत्थर की तरह निष्ठुर खड़ा रहा। मेरी माँ ने भी ऐसे ही पैर पकड़े होंगे। लेकिन पाटील ने उसे बेरहमी से पीटा। मुझे भी कोई दया-ममता नहीं आई। पाटील जरूर आग में जल रहा था।

मैं वापस शहर पहुँच गया।

नीलू की सहेलियों से पता चला कि उसे उसके पिताजी ने वापस बुला लिया है। 'अब क्या होगा' इस सोच में मेरी भूख-प्यास मिट गयी। नींद उड़ गयी। मैंने खलनायक-सा बर्ताव किया। कई पीढ़ियों तक उन्होंने ऐसा ही बर्ताव किया था। आज मैंने किया। यह सांस्कृतिक प्रतिशोध था। मेरे और नीलू के सम्बन्धों को लेकर खुली बहस होनी चाहिए। लोगों को पता चले कि अब शूद्रों की शय्या पर सवर्णों की औरतें आ रही हैं। अपनी खुशी से नंगी हो रही हैं। शूद्र सवर्णों की तरह औरतों को खींचकर नहीं लाते, न जबरदस्ती से उन्हें नंगा करते हैं।

मेरे सामने नीलू की सहेली और हमारे डॉक्टर थे। शवागार जाना था। फोन की घंटी बजी। नीलू के हार्ट अटैक की खबर थी। मैं बरबाद हो गया। यह कैसे हुआ? मेरा शक्तिपात हो गया। चेहरा काला पड़ गया। बोलती बंद हो गयी। अजीब हालत हो गयी।

पाटील ने ही नीलू को मार डाला होगा। शूद्र के साथ प्रणय उसे गवारा नहीं हुआ होगा। खानदान की इज़्ज़त मानो मिट्टी में मिल गयी। मैंने फोन उठाकर पुलिस स्टेशन का नंबर घुमाया। पुलिस को शक बताया। इस उम्र में हार्ट अटैक कैसे सम्भंव है? आप लाश को कब्जे में ले लें।

मैं शवागार में खड़ा। नीलू की नंगी लाश सामने। मेडिकल कालिज में शोर। बाहर भीड़। डॉक्टर आये नहीं थे। पुलिस का कड़ा बन्दोबस्त। दलित लड़के और एक लाश ले आये। चार पाँच लाशें शव विच्छेदन के लिए आयी थीं। मैंने नीलू की लाश को आखरी बार चूमा। उसके खुले होठों को बंद किया। आँखें बंद कीं। लाश पर थूक दिया।

डॉक्टर आ गये। मैं बाहर आ गया। भीड़ में बेचैनी थी। मैंने किसी से भी नजरें नहीं मिलाईं। सीधा बाहर चला आया। न मैं उसके रिश्तेदारों की तरह रो सकता था, न शवागार के दलित नौकरों की तरह खुश हो सकता था।

सुधा डियर

घंटी बजी। स्टाफ रूम से कुलकर्णी मैडम बाहर निकल गयीं। मैंने अलमारी से नोट्स निकाल लिये और बारहवीं क्लास की ओर चल पड़ा। लड़के बरामदे में मँडरा रहे थे। उनका आपस में बातें करना, हँसना, ठिठोली करना कानों में प्रवेश कर रहा था। मैं कक्षा की दिशा में बढ़ रहा था। दूसरे प्राध्यापक बन्धु भी अपनी-अपनी कक्षाओं की ओर जा रहे थे। कुछ कक्षाओं में जा बैठे थे। कुछ इस कक्षा से उस कक्षा में जा रहे थे। लड़कियाँ भी अपने-अपने ग्रुप के साथ कक्षाओं में प्रवेश कर रही थीं। मैं इधर-उधर नजरें घुमाता आगे बढ़ रहा था। रास्ते में होस्टल के दो-तीन लड़कों ने 'जय भीम' कहा। मैंने उन्हें अवकाश में मिलने के लिए कहा और कक्षा में दाखिल हो गया।

लड़के खड़े हो गये। लड़के बैठ गये।

मैं टी.वी. के निवेदक की तरह मुस्कुरा दिया।

कक्षा में सरसराहट-सी फैल गयी। फिर खामोशी।

मैंने टेबुल पर पुस्तक रख दी। डस्टर से बोर्ड साफ किया। कक्षा की ओर एक बार देख भी लिया। लड़कों की कतारें तयशुदा थीं। उनके बैठने के स्थान भी पूर्वनिर्धारित थे। मैंने डेस्कों की कतारों के बीच एक चक्कर लगाया। बाईं ओर होस्टल के लड़के बैठे थे। उनकी घिसीपिटी पोशाक, पहचानी-सी मुस्कुराहट, भड़कीली ड्रेस। वहाँ मैं बीच की कतार में आ गया। शहर के लड़के। बेहतरीन कपड़े, मोटे-ताजे। एक ही क्लास में दो-दो वर्ग एक साथ मुकाम करनेवाले। परली ओर लड़कियों की कतार थी।

लड़कियों की डेस्कों से होकर मैं आगे बढ़ने लगा। गजरे के फूलों की गंध, सेण्ट की खुशबू नथुनों की उत्तेजित कर रही थी। भीगे बाल, भीगा-सा कुंकुम, सरसराहट-भरी नजरें—मन को पागल कर देनेवाला माहौल था। आखिरी बेंच पर फ्लर्ट किस्म की लड़कियाँ बैठी हुई थीं। लड़कों को घुमाना, होटलों में घण्टों बैठना, रोजाना किसी नये बकरे को फसाना, यही इनका शौक था। शादी से पहले के टाइमपास के लिए ही मानो वे कालिज जाती थीं। दोस्तों को इकट्ठा करना, पार्टियों में जाना, ट्रिप्स अरेंज

करना, कक्षा की अपेक्षा कक्षा से बाहर ही ज़्यादातर रमते रहना, यही इनकी पढ़ाई थी।

बीच वाले बेंच पर दो-तीन दलित लड़कियाँ बैठी हुई थीं। उनके रंग-रूप से उनकी जाति जाहिर हो रही थी। अपने व्यक्तित्व से ईमानदार थीं। गरीबी के बावजूद ठीक-ठाक रहने की कोशिश की थी उन्होंने। अगले बेंचों पर कुछ कैरियरिस्ट लड़कियाँ। बिल्कुल सामनेवाले बेंच पर कविता गद्रे।

कविता मेरे अध्यापन की प्रेरणा है। वह जब नहीं होती है, तब पढ़ाने का मूड ही चला जाता था। उसके हाजिर होने पर पीरियड में रंग भर जाता था। उसका तल्लीन होकर सुनना, बीच में ताली से ताली की तरह नजरों से नजरें मिलाना, लजाकर मुस्कुरा देना—इन बातों से पढ़ाने में खुमार छा जाता था। बेल बजने का पता ही नहीं चलता था। लगता था कि हरदम इसी कक्षा में पीरियड लेता रहूँ। कविता शायद ही मेरे पीरियड का नागा करती थी। उसके पीछे शैला थत्ते बैठती है। मैं देखता हूँ कविता की ओर, लेकिन शैला को लगता कि मैं उस की ओर देख रहा हूँ। वह भी अपनी नजरों का जाल फैला देती है।

अपना व्यवसाय ठहरा मास्टरी का। उम्र भरी जवानी की। अभी-अभी एम.ए. पास किया और लगा पढ़ाने। छेड़छाड़ की उम्र। लेकिन हम ठहरे प्राध्यापक। आसपास रंग-बिरंगे फूलों का अतिशी जंगल। इतनी हसीन लड़कियाँ कि किसे देखें, किसे न देखें। 'सर, सर' कहकर पास आने वाली लड़की की सोहबत मन में कई तूफान खड़े कर जाती है।

अदब से मुस्कुराकर रास्ते से हटनेवाली लड़कियाँ। शरमाकर रास्ते में ही खड़ी रह जाने वाली लड़कियाँ। बिना वजह डिफिकल्टी ले आनेवाली लड़कियाँ। 'सरजी, हमें आपका मार्गदर्शन चाहिए' कहनेवाली ढीठ लड़कियाँ। 'सर, नोट्स् कब देंगे?' पूछनेवाली धृष्ट लड़कियाँ। लड़कियों का प्राध्यापक। प्राध्यापकों की लड़कियाँ।

प्रा. अविनाश स्वामी की एक मित्र हरदम स्टाफरूम में आती रही है। पता नहीं, क्लास में बैठती भी है, या नहीं। प्रा. स्वामी लड़कियों को पटाने में बड़ा माहिर है। लास्ट इयर की किसी लड़की को लेकर लायब्रेरी में बातें करते बैठना उनका शौक है। ढलती उम्र में भी रंगीन बुशशर्ट पहन, मेकप कर, जवानी की नुमाइश करने वाले हजरत। प्रा. स्वामी की मित्र है बी.ए. की कक्षा मॉनिटर मिस सुधा पटनायक।

देखा जाये तो प्रा. स्वामी और सुधा पिता-पुत्री की उम्र के। मुझे पुराने जमाने के बेमेल विवाह की याद आ गयी। क्या दूल्हे की उम्र और क्या लड़की की? परसों दोनों को रोते हुए देखा। दोनों की आँखें लाल लाल हो गयी थीं। अब प्रा. स्वामी तो मेरे हेड ऑफ दि डिपार्टमेण्ट। इस से मैं कुछ बोल नहीं पाया। सीधा बाहर चला आया। लेकिन मन में एक दृढ़ संकल्प भी कर लिया कि एक दिन मैं भी किसी लड़की को लेकर यहाँ बैठूँगा। क्या कविता गद्रे से पूछना ठीक रहेगा?

ये लड़कियाँ यहाँ पढ़ने आती हैं, या रोने-धोने?

लेडीज़ कॉर्नर याद आता है। फैशन से सजा हुआ कॉर्नर। अनगिनत नजरों को बाँध रखने वाला। रोकने के बावजूद नजरें इधर दौड़ जाती हैं। नजरों को बाँधा नहीं जा सकता। लेडीज़ कॉर्नर का मतलब है काजलधुली, अधमुँदी आँख। इस लेडीज़ कॉर्नर में कितनी सारी तितलियाँ हैं। इन तितलियों के लिए कितनी सारी कलियाँ खिल रही हैं।

कॉलेज की कैंटीन में रुकी दो लड़कियाँ आकर पूछती हैं—'मे आय कमिन सर?' उनकी आवाजें कक्षा में सीटी की नाई गूंज उठती हैं। मैंने 'येस' कह दिया। कक्षा में जरा-सी हलचल। आखिरी बेंच पर ये लड़कियाँ बैठ गयीं।

पता नहीं इन लड़कियों ने किस लड़के की जेब को चूना लगाया। लड़के, बेचारे बकरे।

मैंने पढ़ाना शुरू कर दिया—

पृष्ठ क्रम 145 कविता क्रम 20—'मेरे शब्दों।'

कवि का नाम है : शरणकुमार लिम्बाले।

दलित लड़कों के चेहरे खिल जाते हैं। सवर्ण लड़कों के माथे पर शिकन।

'मेरे प्रिय शब्दों,
मेरे कलेजे का उद्घोष बन जाओ
मेरे आँसुओं के शिलालेख बन जाओ
मेरी मुक्ति के शिल्पकार बन जाओ'

जैसे एक बेहोशी में मैंने इन पंक्तियों को पढ़ा। और दिन फूल-पत्तियों के बारे में बोलने वाली मेरी जबान आज कोड़े की तरह बरसने लगी। होठों में आवेग भर गया। माथे की नसें तन गयीं। आवाज़ में धार आ गयी। आँखें आग उगलने लगीं। तोप की तरह शब्द छूटने लगे। मैं भूल गया कि मैं कक्षा में पढ़ा रहा हूँ। बेसाख्ता, बोले जा रहा था! कक्षा खामोश।

"डॉ. बाबासाहब आम्बेडकर जी के क्रान्तिकारी आन्दोलन की वजह से भारतीय समाज में आज एक प्रचण्ड चेतना का उद्भव हुआ है। खासकर के दलित समाज, जो हज़ारों बरसों से गुलामी की ज़िंदगी जी रहा था, आज बोलने-लिखने लगा है। दलित साहित्य में उसकी उम्मीदों और अरमानों की परछाइयाँ उभरने लगी हैं।" मेरी आवाज़ ऊँची होती गयी। आसमान में बादल छा जाये, तूफानी हवा चलने लगे, बिजली कौंधने लगे तो जो दशा होगी वही मेरा हाल था। मैं न कविता गद्रे को देख रहा था न कक्षा को। मैं पागल की तरह वेदना को पढ़ाता रहा। बेल बज उठी। मैं पसीने से तर हो गया था।

इसके बाद पीरियड नहीं था।

मैंने आखिरी बार कक्षा की ओर देखा।

एक छात्र दूसरे से मेरी जाति के बारे में पूछ रहा था।

मैं मन ही मन ढह गया।

लड़कों की प्रतिक्रियाएँ सुनाई दे रही थीं। मैं दलित हूँ, इसलिए इतने आवेग से पढ़ाता हूँ। मेरा भावुक हो उठना कुछ सवर्ण लड़कों को अच्छा नहीं लग रहा था। छात्रों की भीड़ को चीर कर मैं स्टाफ रूम की ओर बढ़ गया। दो-एक दलित छात्राओं ने बताया कि उन्हें पाठ बहुत अच्छा लगा। लेकिन मैं दुखी था।

कुलकर्णी मैडम अगर इस पाठ को पढ़ातीं तो छात्रों में कोई प्रतिक्रिया भी नहीं होती।

पीरियड नहीं था इसलिए मैं और प्रा. काम्बले चाय के लिए चल पड़े। कॉलेज की कैंटीन लड़कों से भरी हुई थी। एक कोने में हमने दो कुर्सियाँ ढूँढ लीं और बैठ गये। मेरा चेहरा गम्भीर था। प्रा. काम्बले ने अपनी सीनियारिटी के अधिकार से मुझे नसीहत दी। मैंने भी सुन लिया। जूनियर होने की वजह से बिल का भुगतान भी किया। "पता नहीं, नया पद कब बनानेवाले हैं। जब तक नया हैड नहीं आ जाता, वर्कलोड कम नहीं होनेवाला।"

"पता है, नया कौन आने वाला है?"

"नहीं तो।"

"अरे भाई, वह बैरागपुर की राणे आनेवाली है।"

"वह तो वहीं पर नौकरी करती है न?"

"अरे, वह स्वामी सर की मित्र है। सरजी को लगता है कि अपनी मित्र अपने साथ ही रहे तो अच्छा। मैंने जब उसे साक्षात्कार के लिए आते हुए देखा, तभी पहचान लिया कि इसी को लिया जायेगा।"

"फिर ये लोग साक्षात्कार का नाटक क्यों करते हैं?"

"वह सब तो प्रोसीजर है। मिसेज़ राणे स्वामी सर की छात्रा है। सर के साथ उसकी अच्छी बनती है। अभी भी हर इतवार को सर से मिलने आती है। उन्हीं के निर्देशन में एम.फिल् कर रही है।"

मेरा सिर चकराने लग गया। मुँह सूख गया। नजर का नूर चला गया। सामने से कविता गद्रे आ रही थी। उसकी ओर देख नहीं पाया। सीधा निकल आया।

स्टाफ रूम में आते ही चपरासी ने संदेश दिया—

"स्वामी सर ने आपको याद किया है।"

"कहाँ?"

"लायब्रेरी में।"

प्रा. स्वामी सर दरअसल सरदर्द का दूसरा नाम है। मैं स्वामी सर से बेहतर पढ़ाता हूँ, इसलिए छात्र मुझसे खुश थे। स्वामी सर किसी की सिफारिश पर लगे थे। उनकी पंसारीवाली दुकान थी। साहित्य, संस्कृति आदि बातों के बारे में बोलने के स्थान पर उन्हें बाजारभाव, भवननिर्माण, बैंक लोन आदि के बारे में बोलने में ज्यादा

दिलचस्पी थी। मैं छात्रों में प्रिय था, यह बात उन्हें फूटी आँख नहीं सुहाती थी। दूसरी बात यह भी थी कि मैंने उन्हें सुधा थत्ते के साथ एकांत में देख लिया था। इस बात का भी गुस्सा हो शायद। और फिर मैं आरक्षित कोटे से आया हुआ था। अगले साल मेरी मियाद पूरी हो रही है। मुझे किस तरह से निकाला जाय, यही एक बात उनके दिमाग का काँटा बनी हुई है। वैसे तो कुलकर्णी मैडम भी आरक्षित पद पर ही काम कर रही हैं। काबिल उम्मीदवार नहीं मिलता, इसलिए पिछले चार सालों से काम कर रही हैं। मेरे जैसा उम्मीदवार मिल गया तो अब उसे निकाल देने और उसकी बेइज्जती करने की कोशिशें जारी हैं। मैं दिनबदिन डूबता जा रहा था।

प्राध्यापक की नौकरी से तो पटवारी की नौकरी अच्छी।

मैं स्वामी सर से लायब्रेरी में मिला। सामने उनके सुधा थत्ते विराजमान थी ही।

"आपने बारहवीं को शरणकुमार लिम्बाले की कविता पढ़ा दी। आपका पढ़ाना लड़कों में जातिवादी भावनाओं को भड़काने वाला था। आप में पढ़ाने का शऊर नहीं है। लड़कों से काफी शिकायतें आयी हैं। आपको पढ़ाते समय अपनी जाति को भूल जाना चाहिए। कक्षा में कई जाति के लड़के होते हैं। आप दलित साहित्य न ही पढ़ायें तो अच्छा! कुलकर्णी मैडम पढ़ा देंगी। आप बचे हुए पोर्शन को कवर करें।"

"क्यों? मैं क्यों नहीं पढ़ा सकता? यह तो मेरे साथ अन्याय है। कुलकर्णी मैडम तो दलित कथा-कविताओं को पढ़ाती ही नहीं। कह देती हैं, आज मेरा मूड नहीं है, या इस पाठ को आप्शन में डाल दो। इसमें पढ़ाने जैसी कोई बात नहीं है। तुम लोग इसे पढ़ डालो। वगैरा। दलित साहित्य का मैंने अध्ययन किया है। उसे पढ़ाने में मेरी दिलचस्पी है।"

"आप बाद में मिलिए। हम लोग प्राचार्यजी से बात करेंगे।"

"अच्छी बात है।"

प्रा. अविनाश स्वामी ने मेरी बेइज्जती की थी। कुत्सा से हँसते हुए वे सुधा की तरफ मुड़ गये। कहा–

"इधर की मराठी कविता काफी जटिल और दुर्बोध हो गयी है। बिलकुल आजकल की लड़कियों-जैसी।"

"सर, मैं चलती हूँ।"

"सुधा डिअर, जरा रुक जाओ न! हम लोग साथ-साथ ही चलेंगे।"

'सुधा डिअर' इन शब्दों का मतलब मेरी समझ में नहीं आ रहा था। लेकिन इतना जरूर था कि इनकी ये बातें मेरी जवानी को भड़काने वाली थीं।

सीढ़ी

मैं हूँ अजय। अनुसूचित जाति का। बी.ए.बी.एड। अपने गाँव का एकमात्र स्नातक। एज बार होता जा रहा है। शादी का भी और नौकरी का भी। दलितों को सामाजिक न्याय दिलाने के लिए भारतीय संविधान में दलितों के लिए आरक्षित पदों का प्रावधान किया गया है। योग्य उम्मीदवार नहीं मिलता, इसलिए सवर्ण उम्मीदवार की नियुक्ति की जाती है और फिर उसी को स्थायी बना दिया जाता है। हम लोग बड़ी तादाद में बेरोजगार होते जा रहे हैं। हमें संविधान के सब्ज़बाग दिखाये जाते हैं।

मैं पढ़ा नहीं होता तो अच्छा होता। सवर्णों की सेवा-चाकरी करता। उनके जुल्मों को सह लेता। लेकिन पढ़ाई से मेरा स्वाभिमान जाग्रत हो गया है। हमारे लिए अलग बस्ती, अलग पनघट, अलग शमशान क्यों बनाये गये? मन्दिर में सीढ़ी के पास, पाठशाला में भी सीढ़ी के पास, होटल में सीढ़ी के पास और सवर्णों के घरों में भी सीढ़ी के पास ही हमारा स्थान। हम इस सीढ़ी को लाँघ नहीं सकते। स्वाभिमान के कारण। मैं झुग्गी की तरह अंदर बाहर से जल रहा हूँ। जलकर खाक़ हो रहा हूँ। मेरे मन की विवशता। लेकिन व्यवस्था? वह जैसी है, वैसी ही है। मुझे फिर से गुलाम बना देने के लिए और सतर्क हो गयी है।

हमारे गाँव के पास ही रामपुर नाम का एक गाँव है। वहाँ शहर की सारी सुविधाएँ आ पहुँची हैं। अब वह एक छोटा-सा शहर बन गया है। वहाँ एक हाईस्कूल है। हमारे गाँव में हाईस्कूल न होने के कारण गाँव के बच्चे पढ़ने के लिए यहीं पर आ जाते हैं। सिफारिश पर मुझे यहाँ नौकरी मिल गई। एक साल तक तनखा नहीं मिलेगी। मैंने कहा, ठीक है। मैं इस संस्था में पहला पिछड़ी जाति का शिक्षक हूँ। बी.ए., बी.एड. होने के बावजूद एस.एस.सी, डी.एड के पद पर हाजिर हो गया हूँ। अन्य सारे शिक्षक रामपुर के ही थे। इनमें से बहुत से संस्था चालक श्री. जोशी के रिश्तेदार थे। उनका सुपुत्र प्रधानाध्यापक था और बहू भी नौकरी कर रही थी।

मेरी जाति का एक चपरासी था। उसका नाम था निवृत्ति। सब उसे 'निवन्या' कहकर पुकारते थे। प्रधानाध्यापक लेकिन उसे 'निवृत्तिनाथ' कहकर बुलाते थे। वह अनपढ़ था। हस्ताक्षर करना सिखाया गया था। वह मुझ से दबकर ही रहता था।

हमारे हाईस्कूल की अपनी बिल्डिंग नहीं थी। गाँव के बाहर राजासाहब का बँगला था। वहीं पर कक्षाएँ लगती थीं। रमणीय था। गाँव के पास बड़ी नदी बहती है। पहाड़ की बगल में गाँव बसा हुआ है। राजा शिकार के लिए आता था, तब इस बँगले में मुकाम करता था। दिन-भर शिकार खेलना, रात में मुकाम करना। पहले यहाँ हिरन और खरगोश की तादाद आदमियों से भी ज्यादा थी। मोर भी काफी थे। रामपुर में बस आने लगी और वन्य जीव भागने लगे। अब कभी कभार कोई खरगोश दिखाई देता है। हिरन और मोर तो लापता ही हो गये हैं।

बँगले के पूरब की तरफ घोड़ों का तबेला है। अब वह भी गिरने को है। उत्तर की तरफ राजा के लिए बना पाखाना है। उस पर बना कमरा भी गिरने को है। बँगले की पश्चिम दिशा में भटारखाना है। यहाँ शिकार की रसोई बन जाती थी। भटारखाने के पीछे कुआँ है। मैं इस कुएँ का पानी पीता हूँ। दक्षिण की ओर बँगले का प्रवेश द्वार है। प्रवेश द्वार से थोड़ी ही दूरी पर नदी। पहले नदी में काफी पानी रहा करता था, अब अकाल की वजह से सूख गयी है।

गाँव के पूरब की ओर सौ एक झुग्गियाँ हैं। यह मेरी जाति के लोगों की बस्ती है। निवन्या यहीं पर रहता है। हट्टा-कट्टा बदन, खुरदरा चेहरा। प्रधानाध्यापक के साथ वह बॉडीगार्ड की तरह चलता था। दलितों की बस्ती में जाने का लोभ मैं कई बार संवरण नहीं कर पाता था। चाहता था कि अपने लोगों से बातचीत करें, उनसे जान-पहचान बढ़ायें। लेकिन अपनी जाति का पता सबको चल जायेगा, यह सोचकर टाल जाता था। इस बस्ती के दो लड़के पढ़ने के लिए आते थे।

हर इतवार को प्रधानाध्यापक स्कूल आया करते थे। निवन्या भी साथ में होता था। प्रधानाध्यापक देर तक काम किया करते थे। निवन्या बाहर बैठा करता था। मैं प्रधानाध्यापक की अनुमति से भटारखाने में ही रहता था। मेरा किराया बच जाता था। प्रधानाध्यापक के लिए भी सन्तोष की बात थी कि स्कूल के लिए रात का एक पहरेदार मिल गया। मैंने निवया को छेड़ते हुए कहा, "तुम क्यों नहीं यहाँ रह लेते?"

वह चौंक गया। बोला, "पहले मैं रहता था। पर अब नहीं। मुझे डर लगता है। लड़की भटकती रहती है रात में।" निवन्या की बात सुनकर मैं सिटपिटा गया।

"जया नाम की लड़की थी। दसवीं कक्षा में। उसने इसी कुएँ में जान दे दी थी। रात में उसका भूत भटकता रहता है। आज तक तुम्हें नहीं मिला?" मैं इतने दिनों से यहाँ रहता हूँ। मुझे कुछ भी नज़र नहीं आया। वहम होगा। निवन्या ने कुछ नहीं कहा। चुपचाप बैठा रहा। शायद मुझे डराने का खेल होगा।

रात में मैं शान्तिपूर्वक सो गया। सुबह उठकर कुएँ पर चला गया। कपड़े उतार दिये। कुएँ में कूद पड़ा। जया भी ऐसे ही कूदी होगी। इस गहरे नीले पानी में वह तड़पकर मर गयी होगी। मैं तुरन्त कुएँ की सीढ़ियों पर आकर खड़ा हो गया। पानी उबल पड़ा था। लहरें उछल रही थीं। मेरे तन से बूँदें निथर रही थीं। मेरे मन को

भय छू गया।

मैंने भय को झटक दिया और सिर नीचा कर पानी में गोता लगाया। तैर रहा था लेकिन मन का डर दूर नहीं हुआ था। जया का भूत मेरे पैरों को खींच लेगा, मेरे गले को पकड़ लेगा, इस डर से मैं पानी की ओर देखकर चौंक गया। कुएँ से डर लगने लगा। मैं कुएँ से बाहर निकल आया।

दूसरे दिन कुएँ की सीढ़ियों पर बैठकर ही नहाया। तैरना सम्भव नहीं हुआ। कुएँ से पानी लेते हुए भी डर लगने लगा। लोटे को पानी में डुबोते ही तन सिहर उठता था। डरता था कि भूत हाथ को पकड़कर तल की ओर ले जायेगा।

मैंने कक्षा के एक लड़के से एकान्त में पूछ लिया, "क्या इस कुएँ में किसी लड़की ने खुदकुशी की थी?" उसने डरते-डरते 'हाँ' कह दिया। "सर, क्या आपको वह दिखाई दी?" उसने उलटकर पूछा। उसके चेहरे पर आतंक था। मैंने मज़ाक से कह दिया, "हाँ!" घंटे के भीतर मेरा जवाब सभी लड़कों तक पहुँच गया। "सर यहीं तो रहते हैं। रात में जरूर भूत उनसे मिला होगा। सर झूठ थोड़े ही बोलेंगे? अब उन्हें जगह बदलनी पड़ेगी।" लड़कों की चर्चा प्रधानाध्यापक के कानों तक पहुँच गयी। उन्होंने मुझे बुला लिया। उनका चेहरा गुस्से से तमतमा रहा था। मैं जब प्रधानाध्यापक के केबिन में जा रहा था तब निवन्या खामोश मेरी तरफ देख रहा था।

"क्या आपने भूत को देखा है?"

"नहीं तो।"

"फिर लड़कों में कैसी बातें हो रही हैं?"

"मैंने एक लड़के से मजाक में कह दिया था।"

"तुमको कुछ अक्ल भी है? तुम्हारे मजाक से हमारा स्कूल बंद हो सकता है। अब लड़कों के सामने सच्चाई कह दो और माफी माँग लो। वर्ना यह चर्चा गाँव-भर में फैल जायेगी।"

"ठीक है।"

मैंने छात्रों के सामने माफी माँग ली। स्वीकार किया कि मैंने झूठ बोला था। लेकिन छात्रों ने मेरी बात पर भरोसा नहीं किया। उन्हें लगा कि मैं प्रधानाध्यापक के दबाव में आकर बोल रहा हूँ।

रात की नींद खराब हो गयी। लड़कों के सामने माफी माँगना मेरी बेइज्जती ही थी। हर रोज दस बजे गाढ़ी नींद सो जाता था। अब बारह बजे तक भी नींद नहीं आती। एक बजता है। दो बजते हैं। नींद का नामोनिशाँ नहीं। मैं परेशान हो जाता हूँ। भटारखाने से बाहर आ जाता हूँ। चारों ओर सन्नाटा है। हवा नहीं चल रही है। पेड़ों के पत्ते निश्चल हैं। लगता था ये पेड़ पौधे नहीं हैं उनकी तस्वीर है। झींगुरों की आवाज़ सुनाई देती है। आकाश में चाँदनी है। रात महापूर की तरह ढल रही है। मैं आसपास देखता हूँ। जया का भूत आ जायेगा? जया बहुत सुन्दर थी। चित्रकला

के शिक्षक से प्यार करती थी। उसकी चिट्ठी मिल गयी। संस्था ने शिक्षक से जबर्दस्ती त्यागपत्र ले लिया। फिर कुछ दिनों बाद कुएँ में जया की लाश मिल गयी। अब वह कुएँ से निकलकर बाहर आ जाये। मैं उसे छोड़ूँगा नहीं।

मैं कुएँ में उतर गया। "हेऽऽ तू आ जा।" कहते हुए चिल्लाया। आवाज़ की प्रतिध्वनि आ गयी। वह नहीं आयी। मैंने अंजुली में पानी ले लिया। होठों के पास ले गया। पानी में वह दिखाई दी। मैंने उसके होठों को पी लिया। उसकी जीभ, उसका चेहरा, उसकी आँखें सबको मैं पानी के साथ पी गया। वह मेरे तन में धड़कने लगी। तन में उमंगें उठने लगीं। उसकी निरावृत देह कल्पना में साकार होने लगी।

मैंने कपड़े उतार दिये। पूर्ण रूप से नग्न हो गया। चाँदनी की रोशनी में मैंने अपनी देह को निरखा। मैं कुएँ में कूद पड़ा। कुआँ दहल उठा। पानी में बड़ा विस्फोट हो गया। लहरें उछल पड़ीं। मैं पानी में बहुत गहरा चला गया। अब वह मुझे गले लगायेगी। मैं धीरे-धीरे ऊपर आ गया। पानी खौल रहा है। मैं बेतहाशा तैरने लगा। पानी मेरे बदन को सहलाने लगा। मैंने आक्रोश किया। मुझे स्त्री का स्पर्श चाहिए। फिर से प्रतिध्वनियाँ गूँज उठीं। तैरने से मैं थक गया और कुएँ के बाहर आ गया। तभी गाँव के मन्दिर से घण्टानाद सुनाई दिया। प्रातः आरती का घण्टानाद था। मैं भटारखाने चला गया और चुपचाप सो गया।

सुबह उठा नहीं। शनिवार के कारण स्कूल प्रातः में ही लगता था। मैं उठा तो दरवाजे में प्रधानाध्यापक और निवन्या खड़े थे। उन्होंने ही मुझे जगा दिया था। प्रधानाध्यापक अंदर चले आये। मेरे पास बैठ गये। निवन्या खड़ा रहा। मेरी आँखें लाल हो गयी थीं। बदन में ज्वर चढ़ा था। प्रधानाध्यापक ने पूछा, "क्या हो रहा है?" मैंने शान्ति से कह दिया, "मैं सारी रात कुएँ के पास बैठकर जागता रहा। भूतवूत कोई नहीं है। अफवाह है।" वे खौल उठे, "अरे भाई, तुम इस तरह सोते रहे, इसलिए लड़के घबरा गये हैं। सब सोच रहे हैं कि तुम्हें भूत बाधा हो गयी है। मेहरबानी करो और कक्षा में जाओ।" मैं तैयार होकर कक्षा लेने चला गया। हर कोई मेरी तरफ डरी हुई नजर से देख रहा था। सबकी नजरें यही कह रही थीं कि अब सरजी के दिन लद गये।

धीरे-धीरे मैं भी विचलित होता गया। मुझे भी डर लगने लगा। भटारखाना छोड़कर गाँव में रहने के लिए जाना चाहिए। मैंने कक्षा के एक लड़के से बात की। मुझे किराये पर मकान चाहिए। लेकिन किसी ने भी 'हाँ' नहीं कहा। दरअसल यह मेरी ही बेवकूफी थी। मेरे जैसे दलित शिक्षक को कौन किराये पर मकान देगा? मुझे गाँव में घर नहीं मिला। यह खबर गर्म हो गयी कि मैं भूत से डरकर गाँव में घर ढूँढ रहा हूँ। मैंने अपनी कठिनाई के बारे में प्रधानाध्यापक से बात की। उन्होंने कहा, "तुम अपनी बस्ती में रहो। इसमें शर्म की क्या बात है? सबको पता है कि तुम्हारी जाति क्या है। तुम्हारे दलित बस्ती पर रहने से कुछ फर्क नहीं पड़ेगा, बल्कि तुम्हारी जात के लोगों को खुशी होगी।"

मैंने निवन्या से पूछताछ की। कक्षा के दलित छात्रों से पूछ लिया। जवाब मिला कि बस्ती में एक भी घर नहीं है। एक दिन मैं स्वयं ही बस्ती पर चला गया। ग्रामपंचायत के सदस्य के झोंपड़े के सामने खड़ा हो गया। उसका कुत्ता मुझ पर भौंकने लगा। मैं असमंजस में पड़ गया। झोंपड़े से एक बुढ़िया बाहर आ गयी। उसने कुत्ते को रोक लिया। मैंने अपनी पहचान बता दी और कठिनाई के बारे में भी कह दिया। उसने मुझे पानी दे दिया। थोड़ी ही देर में वहाँ लोगों की भीड़ इकठ्ठा हो गयी। अपनी जाति के मास्टर को देखने हर कोई आ रहा था। मुझे चाय भी मिल गयी।

बुढ़िया ने सबको बताया कि मास्टर को रहने के लिए घर चाहिए। भीड़ में से एक आदमी आगे बढ़ा। सबका ध्यान उसकी तरफ चला गया। उसने कहा, "हमारी दीवार को पीठ बनाकर चार टिन डाल दो और रहने लगो।" मुझे उसकी बात पसंद आ गयी।

पन्द्रह दिनों के भीतर मेरा घर बन गया।

बस्ती से सबसे पहले निवृत्ति बाहर जाता था। उसके बाद दो लड़के, और उनके बाद मैं। मेरे दलित बस्ती में रहने जाने को लेकर गाँव में चर्चा हो गयी। किसी ने कहा, "मास्टर ने भूत से डरकर बँगला छोड़ दिया।" दूसरे ने कहा, "मास्टर हरिजन है, इसलिए गाँव में किसी ने उसे जगह नहीं दी। वह अपनी बस्ती में रहने के लिए चला गया।" छात्रों में भी भूत और मेरी जात को लेकर बातें होती रहीं।

इतवार के रिवाज के मुताबिक निवन्या स्कूल चला गया। वहाँ प्रधानाध्यापक भी आ जायेंगे। मैंने सोचा कि हम भी जायेंगे। मैं बी.ए.बी.एड. था, फिर भी डी.एड. की वेतन श्रेणी में काम कर रहा था। प्रधानाध्यापक से बात करने की फुरसत नहीं मिलती थी। आज समय है, इसलिए चल पड़ा। बी.एड. की वेतन श्रेणी मिलने के लिए एक आवेदन पत्र भी लिखा। उसमें यह भी बता दिया कि मैं अनुसूचित जाति का हूँ। स्कूल पहुँच गया। प्रधानाध्यापक ने मुस्कुराते हुए मेरा स्वागत किया।

मैंने अपनी समस्या को तफ्सील से बता दिया। उन्होंने शान्तिपूर्वक मेरी बातें सुन लीं , जैसे कि उन्हें पहले से ही पता हो कि मैं क्या कहने वाला हूँ। आवेदन स्वीकार किया। "अच्छी बात है। अब तुम जा सकते हो।" मेरी समस्या का कोई समाधान नहीं हुआ था, इसलिए मैंने चिढ़कर पूछा, "मेरी वेतन श्रेणी का क्या?"

"नौकरी करनी है तो करो, नहीं तो चले जाओ।" प्रधानाध्यापक का अन्तिम और बेशर्म जवाब सुनकर मैं बाहर निकल आया। सोचा कि बेकार ही प्रधानाध्यापक से मिले। दूसरी तरफ बड़ा गुस्सा भी आया था। हमारे स्कूल के सारे आरक्षित पद भरे नहीं गये थे। आरक्षितों में से मैं अकेला ही हूँ। मेरी माँग वाज़िब है। फिर भी प्रधानाध्यापक ने मुझे निकाल दिया। मैं झुँझला गया।

बी.एड. की वेतन श्रेणी माँगने के बाद मेरे खिलाफ शिकायतें बढ़ने लगीं। मुझे मानसिक यंत्रणाएँ दी जाने लगीं। वार्षिक परीक्षाएँ शुरू हो गयी थीं। मैं कक्षा पर सुपरवाइजर था। लड़के प्रश्नपत्रिका को सामने रखकर उत्तर लिख रहे थे। दूसरे बेंच

पर बैठी रूपाली नाम की छात्रा नकल मार रही थी। मैंने उसकी नकल पकड़ ली। उसकी उत्तरपुस्तिका और नकल के कागज़ निकाल लिये। उसे परीक्षा हॉल के बाहर जाने के लिए कह दिया। इस घटना को वरिष्ठों के सामने बता दिया। कुछ देर बाद रूपाली अपने अभिभावक को लेकर आ गयी। उसने मेरे खिलाफ झूठी शिकायत दर्ज की। लिखा कि मैंने उत्तरपुस्तिका खींचते समय उसके सीने को मसल दिया था। मैं हैरान रह गया। मैंने ऐसा तो कुछ भी नहीं किया था। उसकी शिकायत सरासर झूठी थी। किसी ने उसे मेरे खिलाफ भड़का दिया था। उसकी कापी पकड़ने पर मुझे पछतावा होने लगा। मैं प्रधानाध्यापक से मिला। उन्होंने छात्रा का पक्ष लिया। मैं हतबल हो गया।

मुझे विश्वास ही नहीं हो रहा था कि मेरी एक छात्रा मेरे खिलाफ इस तरह की शिकायत करेगी। इसके अब क्या परिणाम होंगे? गाँव के लोगों को पता चल जायेगा तब क्या होगा? मेरे छात्र क्या सोचेंगे? मुझे लगा कि खुदकुशी करनी चाहिए।

संस्था ने मेरी वेतन वृद्धि रोक ली। मुझे दुख इस बात का नहीं था, लेकिन जिस बुरे तरीके से मुझे बदनाम किया गया था, उससे बड़ी बेइज्जती हो गयी थी। मैंने शिक्षा निदेशक से शिकायत की, लेकिन कोई फायदा नहीं हुआ। निर्णय संस्था के पक्ष में हुआ। दंतविहीन जहरीले साँप जैसी मेरी अवस्था हो गयी थी।

इस वर्ष बोर्ड की दसवीं परीक्षा की उत्तरपुस्तिकाएँ जाँचने के लिए मेरे पास आ गयी थीं। मैंने बोर्ड से आया रजिस्टर्ड पार्सल स्वीकार किया। संयोग से उत्तरपुस्तिकाएँ हमारे स्कूल की ही थीं।

प्रधानाध्यापक ने मुझे घर बुला लिया। उन्होंने अपनी भतीजी का नम्बर मुझे देकर उसे पास करने के लिए कहा। मैंने इनकार कर दिया। प्रधानाध्यापक मुझसे खफा हो गये।

"मेरी बात को नहीं मानना है तो त्यागपत्र दे दो। वर्ना मैं ही तुम्हें निकाल दूँगा। तुम्हारा चरित्र अच्छा नहीं है।"

मैं अपनी भूमिका पर दृढ़ रहा।

"मेरी भतीजी इस साल नहीं तो अगले साल पास हो जायेगी। हर साल उसके पेपर तुम्हारे पास थोड़े ही आयेंगे? मेरी बात मानो, तुम्हें बी.एड. वाली वेतन श्रेणी देने के बारे में विचार हो रहा है। इसके आगे तुम्हारी मर्जी।"

मैं बिना कुछ कहे चला आया।

दूसरे दिन स्वयं प्रधानाध्यापक मेरे घर चले आये। बैठ गये। हमारी बस्ती में आने का शायद यह पहला ही अवसर होगा उनके लिए। मेरे घर का पानी पी लिया। चाय भी ले ली। हाथ जोड़ते हुए उन्होंने कहा, "देखिए, लड़की का पास हो जाना जरूरी है। नहीं तो उसकी शादी नहीं होगी।" मैंने शान्ति से सोच लिया। उन्हें वचन दे दिया, "मैं अवश्य मदद करूँगा।"

प्रधानाध्यापक मेरे घर आये, इस बात से बस्ती वाले चकित थे। छोटे बच्चे उन्हें चोरी-चोरी देख रहे थे। मैं प्रधानाध्यापक को बाहर तक छोड़ आया।

दो दिन बाद मेरे घर पुलिस का सिपाही आ गया। पुलिस को देखकर बच्चे भाग गये। औरतों ने दरवाजे बंद कर दिये। मैं भी घबरा गया। "साहब की श्रीमतीजी ने तुम्हें बुलाया है।" पुलिस वाले ने मोटी आवाज़ में कहा। वह दरवाजे के बाहर खड़ा रहा। मैंने कपड़े पहन लिये। घर के बाहर आ गया। दरवाजे को ताला लगाकर सिपाही के साथ चल पड़ा। साहब की श्रीमतीजी का मुझसे क्या! काम हो सकता है? कुछ समझ में नहीं आ रहा था।

सिपाही मुझे पुलिस इन्स्पेक्टर के घर ले आया। मैं भीतर चला गया। साहब की गोरी-गोरी बीवी सामने खड़ी थी। उसने मुझे बैठने के लिए कहा। सिपाही चला गया। मैं मन में घबरा गया था। इस मेमसाब ने रूपाली की तरह शिकायत की तो? मुझे लगा कि भाग जायें। मेमसाब ने मुझे एक नंबर बता दिया। हुकम दे दिया कि इसे पास करो। मैंने इनकार किया। तब वह खौल उठीं। "इनको बताकर हथकड़ियाँ डलवा दूँगी। प्रधानाध्यापक की भतीजी को कैसे पास कर दिया?" मेरा चेहरा उतर गया। मैंने नम्बर लिख लिया। "अच्छे मार्क्स मिलने चाहिए।" मेमसाब ने फिर से डाँटकर कहा। मैंने 'जी' कहा और विदा हो गया।

धीरे-धीरे बात लड़कों में भी फैल गयी। सब मुझे धमकाने लगे। ब्लैकमेल करने लगे। मुझे सबको पास करना पड़ा। यही एक रास्ता था। मैं पूरी तरह से फँस गया था।

मैं बेहद परेशान हो गया। सभी लड़कों ने जो चाहा था, उन्हें मिल गया। लगा कि अब तो छुटकारा मिलेगा। लेकिन दूसरे ही दिन अखबार में पहले पन्ने पर समाचार छप गया। सब डर गये। मैंने मार्गदर्शन के लिए प्रधानाध्यापक का दरवाजा ठकठकाया। उन्होंने मिलने से इन्कार कर दिया। मैं हताश होकर लौट आया।

दसवीं बोर्ड ने मुझसे दण्ड वसूल किया। मैंने अपने गाँव का खेत बेच दिया और दण्ड की रकम भर दी। उसके बाद बोर्ड ने मुझ पर पुलिस केस दायर कर दिया। अब मुझे जरूर हथकड़ियाँ पहनाई जायेंगी। मैं ज़िंदगी से उठ गया था।

आज इतवार। निवन्या स्कूल चला गया था। मैंने घर से छुरा उठाया। इस तरह से छिपा लिया कि कोई देख न पाये। स्कूल की तरफ चल पड़ा। रास्ते में बस्ती की बुढ़िया मिल गयी।

"बेटे, जो हुआ क्या वो सच है?" मैंने 'हाँ' कह दिया।

उसकी आँखों में पानी आ गया। उसकी आवाज़ गद्गद् हो गयी। "तुझे उन लोगों ने जाल में फाँस लिया। उनका सत्यानास हो जायेगा।"

बूढ़ी लाठी टेकते टेकते चली गयी। मैं दूर जाती हुई उसकी आकृति की ओर देखता रहा, फिर झट से स्कूल की तरफ चल पड़ा। निवन्या पेड़-पौधों को पानी दे

रहा था। मुझे देखकर वह चकित रह गया।

"सर आये हैं?"

"हाँ, आ गये हैं।"

"मुझे उनसे मिलना है।"

"उन्होंने मिलने से मना किया है। पहले से ही बता देता हूँ।"

"निवन्या, मुझे सर से मिलने दो। सिर्फ एक बार। दो मिनट बात करनी है।"

"कोई फायदा नहीं होगा। तुम लौट जाओ।"

"निवन्या, हाथ जोड़ता हूँ। मुझे मिलने दो। मुझ पर अन्याय हुआ है।"

"मैंने कहा न, सर से मिलकर कुछ नहीं होगा। वे बहुत जरूरी काम में उलझे हैं। तुमसे नहीं मिलेंगे।"

"निवन्या तुम्हारे बड़े एहसान होंगे।"

"सर, तुम्हें अपनी जात के बोल के बोलता हूँ। वह उलटे कलेजे का आदमी है। तुम चले जाओ। कोई फायदा नहीं होगा।"

"फिर भी एक बार मिलने दो।"

"सर, वो अंदर रूपाली को लेकर बैठे हैं। अब उसको...ऐसे नहीं छोड़ेंगे।"

"जया को भी इन्होंने ऐसे ही बुला लिया था। लड़की पर बलात्कार किया और उसे कुएँ में डाल दिया। जया का घर इज्जत से डरने वाला था। यहीं पर पंचनामा हो गया। यहीं पर क्रियाकरम हो गया। अंदर रूपाली है। यह चालू लड़की है। दोनों रंग में रँगे होंगे। तुम क्यों बीच में रुकावट डालते हो?"

"निवन्या, या तो मैं अंदर जाऊँगा या पुलिस थाने।"

"तुम जाओ अंदर। पर यह मत बताना कि मैंने जाने दिया। मैं कुएँ की तरफ जाता हूँ पानी लाने के लिए।"

बिना कुछ कहे मैं आवेश में ऊपर चला गया। सर कुर्सी पर बैठे हुए थे। रूपाली पास ही में खड़ी थी। मुझे देखकर वह कुर्सी पर बैठ गयी। सर मेरी ओर देख रहे थे।

"क्या बाहर निवन्या नहीं है?"

"नहीं, वह पानी लाने कुएँ की तरफ चला गया है।"

"क्या काम है?"

"मुझे आपसे कुछ बात करनी है।"

"लेकिन मुझे नहीं करनी है। बाहर निकल जाओ।"

"सर, आपने मुझे इसमें उलझा दिया है।"

"तुम बालिग हो।"

"लेकिन आप ही ने अपनी भतीजी को पास करने के लिए कहा था।"

"मैं किसी का खून करने के लिए कहूँगा, तो क्या करोगे?"

"हाँ, मैं करूँगा।"

प्रधानाध्यापक ने मुझे 'बेअक़्ल' कहा। मैंने केबिन का दरवाजा बंद कर दिया। हाथ में छुरा लेकर ऊपर उठाया। सर की घिग्घी बँध गयी। रूपाली की आँखों में पानी भर गया। बदहवास होकर मैंने सर पर सपूसपू छुरा चला दिया। सर की चीख और रूपाली के विलाप का मिलन हो रहा था। सर का बदन छटपटा रहा था। मेरा बदन खून से लथपथ हो गया था। खून की दो-चार बूँदें महात्मा गाँधी की तस्वीर पर पड़ गयी थीं। मैंने रूपाली को डाँटा तो वह चुप हो गयी। उसकी सूरत दीन हो गयी थी। "मैं तुम्हारा सीना मलना चाहता हूँ।" उसने तुरन्त अपने कपड़े उतार दिये। मैंने उसे पूरे कपड़े उतार देने के लिए कहा। एक पल में वह नंगी हो गयी। उसका बदन ठण्डा पड़ चुका था। नजर पथरा गयी थी। उसकी रानों पर दाँतों के निशान दिखाई दिये। मैं चीख पड़ा, "तू इस हरामी के साथ सोयी है?"

भय से विकल होकर उसने इशारे से ही हामी भर दी। छुरे पर खून जमा हो गया था। मैं बदहवास हो गया था। वह रोने लगी। मैंने उसका झोंटा पकड़ लिया और उसके नंगे बदन पर मेरा छुरा छमाछम नाचने लगा।

बाहर निवन्या दरवाजे पर दस्तक दे रहा था। मैंने केबिन का दरवाजा खोल दिया। मेरे कपड़े खून में भीग गये थे। निवन्या का चेहरा बदल गया। "यह क्या कर दिया सर?" निवन्या की आवाज़ डर के मारे काँप रही थी।

"तुम जाकर पुलिस को फोन कर दो। मैं कुएँ में जाकर नहा लेता हूँ।" मैं छुरे समेत कुएँ में कूद पड़ा। आराम से तैरने लगा। कुएँ का पानी बड़ा जीवंत लग रहा था।

कुछ देर बाद पुकारें सुनाई दीं। बड़ी तादाद में गाँव वाले कुएँ की ओर आ रहे होंगे। कुएँ के पास निवन्या खड़ा था और लोगों को मुझे दिखा रहा था। लोग मुझसे कह रहे थे, "ऊपर आ जाओ।" गालियों की बौछार हो रही थी। लेकिन कुएँ में उतरने का साहस किसी में नहीं था। ऊपर से पथराव शुरू हो गया। मैं पानी में डूबने लगा। कुछ देर बाद पुलिस पहुँच गयी। भीड़ तितर-बितर हो गयी। शोरगुल बढ़ गया था। भीड़ बेकाबू हो रही थी।

निवन्या के पास हमारी बस्ती की बुढ़िया लाठी के सहारे खड़ी थी। पुलिस कह रही थी, "बाहर आ जाओ।" बूढ़ी चिल्ला रही थी, "बाहर मत आना। ये लोग तुझे मार डालेंगे।"

बुढ़िया को पुलिस ने वहाँ से हटा दिया। बुढ़िया गालियाँ बकती हुई चली गयी।

पुलिस भीड़ को काबू में करने की कोशिश कर रही थी, लेकिन भीड़ पर काबू करना मुश्किल हो रहा था। पथराव जारी था। ऊपर से पत्थर आते ही मैं पानी में डूब जाता था।

कुएँ ने मानो मुझे अपनी छत्रछाया में ले लिया था।

रथयात्रा

विशाल और भव्य राममन्दिर। घने काले पाषाणों से बना हुआ। सुघड़ पत्थरों की नक्काशीदार दीवारें। पाषाण का लावण्य ओढ़े हुए मूर्तियाँ। सुन्दर युवती की आकर्षक भौंहों जैसी मन्दिर की मेहराबें। काजल लगी पलकों जैसा हरएक प्रवेशद्वार। शानदार शिखर पर लहराती हुई ध्वजा। भक्तों की कतारें। महकता हुआ जयघोष। हड़बड़ी में पुजारी। फूल माला बेचने वाले माली। श्रीफल, धूप, गुलाल आदि पूजा-सामग्री वाले दुकानदार। आने वाले भक्त। जाने वाले भक्त। मन्दिर के परिसर में रेंगता हुआ भक्तिभाव। मेरी आँख की पुतलियों में एक-एक तस्वीर धूल की तरह जमा हो रही थी।

मन्दिर की दीवार में पीपल की एक टहनी उग आयी थी। पास में ही चोंच में चोंच डालकर कबूतरों का एक जोड़ा। बाजू में भग्न मूर्तियाँ। सीतापति रघुपति राजाराम के जयघोष के साथ होने वाली प्रदक्षिणा। एक के बाद एक लगातार होने वाले घण्टा नाद से वातावरण में फैले स्वर। गर्भागार से निकलकर फैलने वाली सुगन्धि की लहरियाँ। तीर्थ के लिए उत्सुक भक्ति। पुजारी की थुलथुल नाभी से गिरने वाली पसीने की बूँद मेरी पलकों में उँगली चुभा रही थी। काले राम का यह ऐतिहासिक मन्दिर। इस मन्दिर में प्रवेश पाने के लिए डॉ. बाबासाहब आम्बेडकर ने सत्याग्रह किया था। राम के दर्शन करने से अछूतों को मुक्ति नहीं मिलने वाली थी। लेकिन बाबासाहब की धारणा थी कि सवर्णों के साथ हमें भी दर्शन का बराबरी का अधिकार मिलना चाहिए। हिन्दू धर्म ब्राह्मणों का है तो वह शूद्रों का भी है। हिन्दुओं के मन्दिर में कुत्ते और बिल्लियाँ भी जा सकती हैं। फिर अछूत क्यों नहीं जा सकते? जिस भगवान को अछूतों की परछाईं से छूत लगती हो, वह कैसा भगवान? बाबासाहब आम्बेडकर ने आदमी को इन्सानियत सिखाने के लिए सत्याग्रह किया, तब राममन्दिर के दरवाजे बंद कर दिये गये। आज हम बेरोकटोक अंदर चले जाते हैं। तब मेरी आँखों में झलकने वाला पानी मुझे राममन्दिर के तीर्थ से भी पवित्र लगता है।

गोदावरी का धीरे-धीरे बहना। उसके घाट पर कपड़े पछीट रही बहनें। बाजू में

भीगने वाले नंगे-अधनंगे भक्त। सीता कुण्ड, राम कुण्डे और लक्ष्मण कुण्ड का पानी। पानी में श्रद्धा। पास में बापू जी की अस्थियों की समाधि। नासिक शहर के लोग कपड़े धोने के लिए गोदावरी का पानी इस्तेमाल करते हैं तो बाहर के लोग पाप धौने के लिए। ऊपर की तरफ का पनघट सवर्णों के लिए है और नीचे की तरफ का शूद्रों के लिए। गोदावरी के पानी को हर गाँव में पनघटों में बाँटा गया है। ऊपर के पनघट से सवर्ण पानी भरेंगे, कपड़े धो लेंगे और नीचे से शूद्र पानी पियेंगे। यह शूद्रकुण्ड है। कई गाँवों में ऐसे शूद्रकुण्डों को गोदावरी अपने तन पर झेल रही है। गोदावरी का पानी जहाँ अछूत बन जाता है, उस पनघट पर मेरी पलकें भीग जाती हैं।

भीगी पलकों से इतिहास के पन्नों को पलटता हूँ तो वहाँ भाजपा का रथ मिल जाता है। अयोध्या की बाबरी मस्जिद हिन्दुओं का राममन्दिर है। वहाँ रामलला का जन्म हुआ, इसलिए मस्जिद को गिराना चाहिए। वहाँ राम मन्दिर बनवाना चाहिए। देश के कोने-कोने से राममन्दिर के लिए ईंटें भेजनी चाहिएँ। कोने-कोने में रहने वाले नंगे बदन लोगों की झोंपड़ियों के लिए, उनके बच्चों की पाठशालाओं के लिए ईंटें भेजने से पुण्य नहीं मिलेगा। हज़ारों बरसों से गाँव की सीमा के बाहर रहने वाले वनवासी राम का इतिहास कोई नहीं लिखता। रामा महार चुपचाप यंत्रणाएँ सहता रहता है। उन यातनाओं को याद करके राम मन्दिर की पत्थर की दीवारों पर आराम करने वाले पंछी भी बेचैन हो उठते हैं और खामोश हो जाते हैं।

रथयात्रा का नगर में आगमन हो जाता है। हमारे सेठजी भाजपा के नगराध्यक्ष हैं। उनकी दलित-मित्रता को जगजाहिर करने के लिए मुझे उनके बैंक में नौकरी दी गयी है। 'बाबासाहब की जय' कहूँगा तो जानवरों को चराने के लिए ले जाना होगा व 'सेठजी की जय' कहूँगा तो नौकरी मिल जायेगी। इसलिए मैं निक्करवालों के यहाँ नौकरी करने लगा। अडवानी साहब की रथयात्रा अश्वमेध की तरह एक के बाद एक नगर को जीतती हुई आगे बढ़ रही थी। देश बेचैन हो गया था। राम गाजे-बाजे के साथ घर तक आ रहा था और राष्ट्र घरबार से बाहर हो रहा था। मेरे हाथ में भगवा झण्डा था, क्योंकि मैं भाजपा का नमक खा रहा था। सेठजी के आदेश का पालन कर रहा था। नहीं करता तो मुझे नौकरी से निकाल दिया जाता। रोटी के लिए मैं राम की नौकरी कर रहा था।

रथयात्रा के स्वागत के लिए भव्य बंदनवार सजे थे। नगर में चारों ओर पताकाएँ फहरा रही थीं। हर चौराहे पर राम के जयघोष के रिकार्ड जोर-जोर से बज रहे थे। भगवा सिरोपा पहन शिव सैनिक मोटरसाइकिलों पर शान दिखा रहे थे। मोटरसाइकिलों का जत्था सड़क पर दौड़ता नजर आ रहा था। नगर हिन्दुमय हो गया था। लेकिन मुस्लिम मोहल्ला?

मुस्लिम मोहल्ले में मुल्ला-मौलवियों का जलसा हो चुका था। गड़बड़ हो जाने

पर क्या करना है, इस बात पर सलाह-मशवरा हो चुका था। हरेक मुस्लिम व्यक्ति दुश्मन के सम्भावित हमले की मानसिकता में जी रहा था। पुलिस व्यवस्था आँखों में तेल डाल कर जागरूक बनी हुई थी। शहर के माहौल में तनाव था। कहीं कोई चिनगारी भड़क न उठे, इसलिए बन्दोबस्त बढ़ाया गया था। पुलिस की ज्यादा कुमक भी आ गयी थी।,

सेठजी बेहद व्यस्त थे। रथयात्रा का स्वागत करने वाले थे। उनका फोन अविरत बज रहा था। शहर के नौजवानों का जत्था उनके आसपास बढ़ता जा रहा था। एक हजार सुहागिनें रथयात्रा की आरती उतारने वाली थीं। हजारों युवक रथयात्रा के सामने साष्टाँग दण्डवत् करने वाले थे। बारुद की आतिशबाजियाँ होने वाली थीं। गाजे-बाजे के साथ जुलूस निकलनेवाला था। रथयात्रा शान्ति से आगे बढ़े, इसलिए सभी फिक्रमन्द थे।

“अरे, सब लोग तैयारी में रहना। रथयात्रा की शान बनी रहनी चाहिए। मुस्लिमों के मोहल्ले पर नजर रखिए। मैंने पुलिस वालों को बता दिया है, यह हिन्दुओं का देश है। राम हमारी संस्कृति है। राम हमारी श्रद्धा है। राम मन्दिर बनकर रहेगा। राम का विरोध करनेवाले शासन नहीं कर सकते। यह हिन्दू राष्ट्र है। हमें रामराज्य लाना है।” सेठजी युवकों को आदेश दे रहे थे।

रामराज्य लायेंगे, मतलब क्या करेंगे? सेठजी के ध्यान में आ गया कि मैं उनकी बातों को ध्यानपूर्वक सुन रहा हूँ। उन्होंने मुझे फटकार दिया। बाहर जाने के लिए कह दिया। मैं दरवाजे पर आकर खड़ा रह गया।

रामराज्य लायेंगे, मतलब क्या करेंगे? महात्मा गाँधी का बुत उखाड़ देंगे, राष्ट्रीय ध्वज तिरंगे को फाड़ डालेंगे और राम का बुत खड़ा कर देंगे, भगवा ध्वज फहरायेंगे, चातुर्वण्य व्यवस्था को अमल में लायेंगे। ऐसा ही होनेवाला है? शूद्र को तपस्या का अधिकार नहीं, इसलिए शम्बूक की हत्या कर दी गयी। फिर बाबासाहब की तपस्या का क्या होगा?

मैं दरवाज़े में खड़ा हूँ।

युवकों का जत्था आ रहा है। जा रहा है। मेरे मन की बातों का जरा-सा भी सुराग इन्हें लग जायेगा तो मुझे यहाँ से निकाल दिया जायेगा। मेरी नौकरी चली जायेगी। राज किसी का भी हो, मुझे रोटी मिलनी चाहिए। मेरे लिए राम से रोटी की अहमियत ज़्यादा है। मुझे रोटी की चर्चा नहीं सुनाई देती। रोटी की रथयात्रा क्यों नहीं निकाली जाती?

देश में कितने ही तो राममन्दिर हैं। उनकी साफ-सफाई करना चाहो तो रथयात्रा वालों को ज़िंदगी कम पड़ेगी। शहर के राम मन्दिर की देखभाल कितने लोग करते हैं? कितने नियम से पूजा पाठ करते हैं? इन्हें तो राम के साथ अपना नाम उछालना है। चुनाव लड़ना है। राम के नाम पर चुनाव जीतना है। राज करना है। राम का इस्तेमाल मतों के वास्ते, अपने नाम के वास्ते हो, मुझे यह बिल्कुल पसंद नहीं।

मुझे सेठजी की राजनीति की याद आती है। एक चुनाव में गोवध बन्दी के लिए सेठजी ने अनशन किया था। उस बार भी वे चुनाव हार गये थे। एक चुनाव में सेठजी गंगाजल ले आये थे। तब सेठजी की ज़मानत रक़म ज़ब्त हो गयी थी। अब सेठजी 'राम' ले आये हैं। लोग प्रभावित हैं। सेठजी की हवा है। ब्याज पर कर्ज देने वाले सेठजी सबको रामभक्त लग रहे हैं। पूरा शहर राममय हो गया है।

मैंने भी भगवा साफा पहन लिया है। गली के कार्यकर्त्ताओं ने मेरे बर्ताव की बहुत निंदा की। मेरे भाजपाई होने पर गालियाँ दे दीं। मुझे आम्बेडकर द्रोही कहा गया। मैंने भी जोरदार बहस की, "तुम लोगों के पास नौकरी नहीं है। तुम गुण्डे हो। तुम कार्यकर्त्ता नहीं हो। समाज से पैसे उगाहते हो और गुजारा करते हो। तुम भ्रष्ट हो। मैं भाजपा के बैंक में नौकरी करता हूँ। मेरी भी कुछ सीमाएँ हैं। मैं तुम लोगों जैसा बेरोज़गार नहीं हूँ।" वगैरह-वगैरह।

कार्यकर्त्ताओं ने मेरी छीः-थू की। एक कान में कार्यकर्त्ता। दूसरे कान में सेठजी। आँखों के सामने रथयात्रा। मन में मुस्लिम मोहल्ले का डर। आँखों पर गाँधीजी की ऐनक चढ़ाकर मैं सेठजी के घर की तरफ जा रहा था। सेठजी मुझे पाँच हज़ार रुपये देने वाले थे। सेठजी के प्रतिनिधि के रूप में मैं रथयात्रा के साथ जाने वाला था। बैंक ने मुझे एक महीने की छुट्टी दे दी थी। मैंने राम नाम सीख लिया था। घोषणाएँ करने और रथयात्रा के पास जागते हुए पहरा देने का काम मुझे सौंपा गया था। धीरे-धीरे मैं राममय हो गया। मेरा मन भी आमूल-चूल बदल गया। हर गाँव में रथयात्रा का जोरदार स्वागत हो रहा था, जिसे देख मैं दंग रह गया। लोगों की भक्ति भावना देख प्रभावित हो गया। राम का जयघोष, रथयात्रा की ख्याति, लोगों का प्रतिसाद और भाजपा का अनुशासनबद्ध व्यवहार देखकर मेरे मन में इन लोगों के प्रति आदर उत्पन्न हो गया। सचमुच, राम मन्दिर होना चाहिए। राम इस राष्ट्र की श्रद्धा है।

नेपाल जैसा पराया राष्ट्र अपने आप को हिन्दू राष्ट्र कहलाता है। फिर अपने राष्ट्र को क्यों नहीं हिन्दू राष्ट्र कहना चाहिए? मुस्लिमों को पाकिस्तान भगा देना चाहिए। यहाँ मात्र हिन्दुओं का राज होगा। राष्ट्रीय एकता के लिए एक ही धर्म होना चाहिए। 'हिन्दू-हिन्दू, बन्धु-बन्धु।' हम सब हिन्दू हैं। हम सब बन्धु हैं। तो फिर हम गाँव के बाहर क्यों? हम अछूत कैसे? हमें मन्दिर में प्रवेश क्यों नहीं? हमारे लिए अलग पनघट क्यों? अलग शमशान भूमि क्यों? हमारी बस्तियाँ अलग क्यों? हम पर जुल्म क्यों होता है? मन में इस तरह बुरे खयाल आ जाते। मैं इन विचारों को भगा देता। जोर-जोर से नारे लगाने लगता। हजारों कार्यकर्त्ताओं में मेरा जोश आवेश सबसे ज़्यादा था। अडवाणी साहब ने मेरे बारे में पूछताछ की। मुझे पास बुला लिया। मेरी पीठ पर शाबाशी की थाप दे दी। एक जाहिर सभा में मेरे जोश का जिक्र भी किया। छत्रपति शिवाजी महाराज के मातहत दलित और मुस्लिम भी थे। अडवाणी

साहब के मातहत हम हैं। रथयात्रा में मैं हरदम अगाड़ी पर था। अब मुझे 'रोटी' शब्द के उच्चारण की भी याद नहीं थी। राम के नाम से मुझे अच्छी रोटी मिल रही है। रथयात्रा आगे बढ़ती जा रही है। उत्तर प्रदेश में मुलायम सिंह ने घोषणा की है कि रथयात्रा को रोक देंगे। पता नहीं क्या होने वाला है।

रथयात्रा को बिहार में रोक दिया गया। हम परेशान हो गये। राष्ट्र की प्रभुसत्तावाली सरकार गिर गयी। राम के कारण एक प्रधानमंत्री हार गया। वी.पी.सिंह जी ने इस्तीफा दे दिया। देश को एक बेचैन लहर का सामना करना पड़ा। अनिश्चय की भावना से सब के मन कुरेदे गये। विश्व हिन्दू परिषद ने आक्रामक तेवर अपनाये। 'रथयात्रा' को रोक देने पर भी निश्चित दिन पर रामभक्त अयोध्या जायेंगे। बाबरी मस्ज़िद में प्रवेश करेंगे। सरकार हमें रोक नहीं सकती। देश-भर का हिन्दू जाग गया है। देश के कई भागों से हिन्दू अयोध्या की ओर चल पड़े। कार सेवकों की तादाद दिन-ब-दिन बढ़ने लगी। उत्तर प्रदेश की कानून और व्यवस्था की हालत बिगड़ गयी। अयोध्या में सेना बुलाई गयी। कदम-कदम पर पुलिस दिखाई देने लगी। शहर में पक्की नाकाबन्दी कर दी गयी। कारसेवकों ने ज़िद पकड़ी। साधु-सन्यासियों के जत्थे भी आ रहे थे। रामनाम का जयघोष हो रहा था। भगवा ध्वज, भगवा कुर्ते, भगवा कपड़ों से माहौल बदल गया था। सारे हिन्दू एक साथ आ गये थे। मैं भी कारसेवा के लिए अयोध्या पहुँच गया था।

प्रभु रामचन्द्र की जय के नारे लगाते हुए कारसेवक आ रहे थे। शंखनाद करने वाले सभी आक्रामक लग रहे थे। वातावरण गर्मा रहा था। 'हम हिन्दू हैं। हिन्दुस्तान में रहते हैं। अल्पसंख्यों के लाड़ लड़ाये जा रहे हैं। ऐसे तो हम पर देश छोड़ देने की नौबत आ सकती है। इस अवस्था को बदलना होगा। हिन्दुओं, एक हो जाओ।' जोर-शोर के साथ मत प्रदर्शित किये जा रहे थे।

इनकी बातों में आग था। विरोध था। हिन्दुओं की आक्रमणशीलता को देख मैंने भी हिन्दुत्ववाद को स्वीकार किया था। 'हिन्दुत्व ही राष्ट्रीयत्व है।' इस बात को सावेश प्रस्तुत कर रहा था। साधु-सन्यासियों का महत्त्व बहुत बढ़ गया था। सन्यासिनियाँ भी आवेश से बातें कर रही थीं। आदमी हड़बड़ाकर जाग पड़ा था। राम मन्दिर के लिए देश-भर में अशान्ति फैल गयी थी।

रामराज्य लाने की बात करनेवाले महात्मा गाँधीजी की हत्या रामपंथ वाले नाथूराम ने की थी। गाँधी जी ने भी मरते वक़्त 'हे राम' कहा था। कारसेवकों को भी राम ही चाहिए था। राम मन्दिर चाहिए था। बाबरी मस्जिद के चारों ओर कड़ा पहरा था। चौराहे-चौराहे पर कारसेवक इकट्ठा हो रहे थे। जमावबंदी आदेश जारी कर दिया गया था। सरकार कारसेवकों के विरोध में खड़ी थी। मुझे कभी कभी डर लगने लगता। लेकिन कारसेवकों का उत्साह देखकर फिर मन निडर हो जाता था। 'प्रभु की चरण वन्दना जो नहीं करने देते, उन पुलिसवालों को खत्म कर देना चाहिए।

राम का विरोध करने वाले नष्ट हो जायेंगे। अन्तः ईश्वर का प्रकोप तो होकर ही रहेगा।' शंख-कमण्डल हाथ में लिये साधु, दाढ़ी-जटावाले सन्यासी, गले में रुद्राक्ष-माला पहने बैरागी, वृद्ध-युवा तथा कृश और तगड़े सन्यासी, तेजस्विनी सन्यासिनें, कट्टर कारसेवक और ताकत को दाँव पर लगाकर कानून का पालन करने वाला पुलिस दल। माहौल की गर्मी सहन न होने से बंद हुए दरवाजे। खिड़कियों से झाँकने वाले घरघुसड़े। सूरज तपी हुई किरणों से दिन की प्रखरता को बढ़ा रहा था। सन्यासियों का जत्था मस्जिद की तरफ कूच करने लगा। सामने विश्व हिन्दू परिषद के कार्यकर्त्ता नारे लगा रहे थे। इतने में पुलिस ने डंडे बरसाना शुरू किया। कार्यकर्त्ता अड़े हुए थे। नारों से माहौल गूँज उठा था। पुलिस ने गोली चलाई। कारसेवकों में भगदड़ मच गयी। कुछ लोगों को पकड़ लिया गया। मैं जान बचाने के लिए भाग रहा था कि मेरी जाँघ में गोली लग गयी। मैं नीचे गिर गया। मैं चिल्ला रहा था। लोग मुझे रौंदकर भाग रहे थे। मैं पीड़ा से कराह रहा था।

जब मैं अस्पताल से बाहर आया तो मेरा एक पैर बेकार हो गया था। मुझे सहारे के लिए दो बैसाखियाँ दी गयी थी। मैं जिंदगी से महरूम हो गया था। मैंने अपना एक पैर खो दिया था। मेरे पास पैसे नहीं थे। विदाउट टिकट यात्रा करते हुए मुझे टी-टी ने पकड़ लिया। मैंने बताया कि मैं कारसेवक हूँ। लेकिन उसने दया नहीं दिखाई। वह मुस्लिम था। मुझे जेल भेज दिया गया। जब मैं जेल से बाहर आ गया तब चुनाव की हवा जोरों से चल रही थी। मेरा वापसी का सफर शुरू हो गया।

इधर सेठजी ने घोषित किया था कि मैं कारसेवा में शहीद हो चुका हूँ। मेरे परिवार को आर्थिक सहायता दी गयी थी। चुनाव के समय शहर पहुँचूँगा तो कुछ विपरीत होगा, यह सोचकर मैं राम मन्दिर पहुँच गया। राम मन्दिर के प्रसाद पर पेट भरने की बात सोची। मैंने भिखारियों की दुनिया में प्रवेश किया। उनकी पंक्ति में शामिल हो गया। मेरा लँगड़ापन मेरी मदद के लिए काम आया। भावुकजन दया दिखाते। आरती के बाद पुजारी प्रसाद बाँटता था। लगा कि अब राम मन्दिर के प्रांगण में ही मौत आ जाये। लँगड़ेपन के साथ जीने से मैं तंग आ गया था। रामनाम लेकर जीवन गुजार देने की चाह बलवती हो रही थी। यहाँ कोई मुझे पहचानने वाला नहीं है। लँगड़े या भिखारी, कैसे भी जी लिये तो क्या फर्क पड़ने वाला है।

सुबह उठकर मन्दिर चला आया। आँख भर कर राममूर्ति के दर्शन कर लिये। मनोभाव से प्रार्थना की। लेकिन मेरा मन्दिर में आ जाना पुजारी को शायद अच्छा नहीं लगा। उसने मुझे डाँट दिया। मुझसे सहा नहीं गया। मैं उबल पड़ा, "मैं कारसेवक हूँ। राम मन्दिर के सत्याग्रह में मेरा पैर टूट गया। राम पर मेरा अधिकार तुम से ज्यादा है। राम के लिए मैं लड़ा हूँ।" मेरी आवाज़ घण्टानाद की तरह गर्भागार में फैल गयी। पुजारी ने इसे अपना अपमान मान लिया। वह और भी ज्यादा उबल पड़ा। मेरी तरफ आगे बढ़ते हुए उसने और दो-चार लोगों की सहायता से मुझे

धक्के देकर बाहर निकाल दिया। 'भिखारी कहता है कारसेवक हूँ। उसके शब्द मुझे सहन नहीं हो रहे थे। मैं लँगड़ा था। मुझे सब सहन करना ही चाहिए। भक्तजन पुजारी की बात को मानकर मुझे बाहर निकाल रहे थे। मैं चुपचाप बाहर चला आया। सारे भिखारी मुझ पर हँस पड़े। मैं चुप रह गया।

पुजारी मेरे खिलाफ बरतने लगा। उसने परिसर के लोगों से मेरे बारे में भलाबुरा कुछ कह दिया। भिखारी भी मुझसे तुच्छता का व्यवहार करने लगे। भक्तों ने दान देना बंद कर दिया। पुजारी प्रसाद देने में आनाकानी करने लगा। मेरा गुस्सा बेकाबू हो रहा था, लेकिन मैं कुछ नहीं कर सकता था। अपमान और भूख से मैं बेचैन था। इस बात का किसी पर कोई असर नहीं था। पुण्य के लिए प्रार्थना करने वाले जन प्रभु की साक्षी में मुझे मनुष्य के रूप में जीने नहीं दे रहे थे। मुझ भिखारी का जीना मुश्किल कर रहे थे।

प्रातः कालीन आरती हो गयी। भक्त आ-जा रहे थे। घण्टानाद से वातावरण प्रसन्न था। फूल बेचने वालों की दूकानों से खुश्बू फैल रही थी। गर्भागार में धूप-कपूर की गंध महक रही थी। भिखारियों की पंक्तियाँ प्रतीक्षा में बैठी थीं। पिछले हफ्ते पुजारी ने मुझे प्रसाद नहीं दिया था। मेरी बारी आते ही वह प्रसाद खत्म होने की बात करता था। मेरे पीछे खड़े भिखारी इसीलिए मुझसे खफा थे। तुम्हारी वजह से हमें भी प्रसाद नहीं मिलता—कहते हुए झगड़ने लग जाते थे। आज भी ऐसा ही हो गया। पुजारी ने मुझे प्रसाद नहीं दिया। मेरी आत्मा की रोटी ने हुंकार भर दी। मैं आगे बढ़ गया। स्वयं राम भी आड़े आ जाते तो मैं उनकी छाती पर पैर रखकर आगे बढ़ जाता। मेरी आत्मा से राम कब का हद से पार चला गया था। मैंने प्रसाद के लिए हाथ आगे बढ़ाया। पुजारी ने प्रसाद खत्म होने की बात कह दी। मैं अपना अपमान सह नहीं सका। सहने की शक्ति ही समाप्त हो चुकी थी। भिखारी मेरा नाम लेकर चिल्ला रहे थे। पुजारी कुत्सित नजरों से मेरी ओर देखता खड़ा था। उसकी गोलमटोल देह मुझे चुनौती दे रही थी। मैंने अपनी पूरी ताक़त लगायी और उसके सिर पर बगल की बैसाखी मार दी। एक बार नहीं, दस बार। पुजारी खून में लथपथ नीचे गिर गया। एक राम भक्त की हत्या हो गयी। मैंने प्रसाद के पात्र को हस्तगत कर दिया। मुँह से रामनाम लेने के बदले मुँह में रोटी डाल ली। पुजारी की देहयात्रा समाप्त हो गयी और मेरी रथयात्रा।

नीले झण्डे

भरी दुपहरी में जब माथे पर सूरज तप रहा था, गाँववालों ने हमारे घर पर धावा बोल दिया।

हमारा घर खा-पीकर सुखी था। बड़ा भाई जिले के नगर में नौकरी कर रहा था। दो भाई बस अड्डे के पास होटल चलाते थे। पिताजी ग्रामपंचायत के सदस्य थे। मैं कॉलेज में पढ़ रहा था। हमारे परिवार की आत्मनिर्भरता गाँववालों को फूटी आँखों सुहाती नहीं थी। गाँव के झगड़े-झमेले में हमारे घर के लोग हिस्सा लेते थे। होटल व्यवसाय के कारण पैसे की कमी नहीं थी। गाँव की राजनीति में भी हमारा दखल था। लोगों को यह अच्छा नहीं लगता था। पिताजी को सरपंच का पद दिलाने के लिए हमारे दाँव पेंच चल रहे थे। प्रतिष्ठित लिंगायत समाज से अनबन हो गयी थी। गाँव प्रतिकूल हो गया था।

मेरे साथ उपसरपंच की बेटी सुनीता भी पढ़ रही थी। हम दोनों सहपाठी थे, अतः घुलमिलकर रहते थे। देर-सबेर घूमते थे। फिल्में देखा करते थे। हम दोनों नगर में पढ़ रहे थे, इसलिए गाँव में इस बात की खबर किसी को नहीं थी। लेकिन पिछले हफ्ते मैं और सुनीता जब घूमने निकले थे, तब गाँव के किसी आदमी ने देख लिया और खबर हवा की तरह फैल गयी।

सुनीता के पिता ने उसे घर आकर बेहद पीटा और घर के बाहर कदम न रखने का आदेश दे दिया। "तूने हमारी नाक काट दी। निचली जाति के लड़के के साथ घूमने चली गयी। तुझे हमने पढ़ने के लिए भेजा था या प्यार के खेल खेलने? अब हम समाज में क्या मुँह दिखायेंगे?" सुनीता ने चुपचाप यातनाएँ सहन कीं। मार खाई। वह मुझसे प्यार करती थी। मेरी जाति से उसे कोई लेनादेना नहीं था। हम दोनों चुपचाप भाग निकले। इससे सुनीता के पिता का माथा भड़क उठा। बदले की आग से पागल हो गये। आखिर सुनीता को पकड़कर वे उसे घर ले गए।

मैं गाँव चला आया। सीधे सुनीता के घर चला गया। घर में घुसकर कहा, "मैं सुनीता को ले जाऊँगा। वह मेरी है।" झगड़ा किया। इससे गाँव की हवा गर्म हो गयी। "आज एक लड़की को भ्रष्ट कर दिया। हम अगर चुप बैठ गए तो कल हमारी

सारी बेटियों को अपनी आँखों के सामने भ्रष्ट किया जाएगा। इन्हें अभी सबक सिखाना चाहिए।" गाँववालों ने बैठक बुलाई और निर्णय कर लिया।

गाँव के पुरुष और छोटे-छोटे बच्चे भी हाथों में पत्थर, लाठियाँ, कुल्हाड़ियाँ, सरिये आदि हाथियार लेकर हमारे घर की तरफ आने लगे। बाहर की आवाजों से हमें हमले की भनक मिल गयी। डेढ़-दो सौ लोगों का झुण्ड आ रहा था। झुण्ड ने आकर जोर-जोर से दरवाजा पीटना शुरू कर दिया। कुछ लोग छत पर चढ़ गए। टिनों को उखाड़कर घर के भीतर पथराव शुरू किया। घर के लोग अनाज के बोरों की आड़ में छिपकर पथराव से बचने की कोशिश करने लगे। तो छत पर चढ़े लोगों ने जलते पलीते अंदर डाल दिए। इससे कपड़े जल उठे। धुआँ फैलने लगा। आग बढ़ने लगी। हमारा दम घुटने लगा। हमने जान बचाने के लिए पीछे का दरवाजा खोल दिया और वहाँ से भागने की कोशिश की। घर को चारों ओर से घेर लिया गया था। झुण्ड ने एक-एक को पकड़कर पीटना शुरू किया।

मेरा बड़ा भाई खून के रेले में मरा पड़ा था। पास में ही लोगों ने पिताजी को पकड़ रखा था। उनकी गर्दन पर कुल्हाडी को जोर से प्रहार कर उन्हें मार डाला गया। फिर लोग मेरे दूसरे भाई की ओर मुड़ गये। वह डर के मारे काँप रहा था। ये राक्षस अब उसकी भी हत्या कर डालेंगे, यह देख इतनी देर तक जिसकी घिग्घी बँध गयी थी, वह माँ जोर से चीख पड़ी। जोर-जोर से रोती-बिलखती वह झुण्ड के सामने खड़ी हो गई। 'मेरे बेटे को मत मारो रे!' कहते हुए उसने झुण्ड के सामने आँचल फैला दिया लेकिन उन्होंने उसकी पीठ पर कुल्हाड़ी का डण्डा जमा दिया और उसे उठाकर दूर पटक दिया।

मेरे दूसरे भाई को घेरकर वे उस पर टूट पड़े। एक ने गन्ने तोड़ने के हँसिये से उसका पैर तोड़ दिया। दूसरे ने सब्बर से उसके सिर पर प्रहार किया। मेरा भाई तड़पता हुआ खून के पूर में जमीन पर गिर पड़ा। उसके मरने के बाद लोग अनाज के बोरों के पीछे छिपे मेरे तीसरे भाई की तरफ मुड़ गये। माँ फिर एक बार गिरती-पड़ती लोगों के सामने आ गई। वह जोर-जोर से विलाप रही थी। पैरों पड़ रही थी। लोगों ने उसे ढकेल दिया। मेरे तीसरे भाई पर भी वे टूट पड़े।

इतने में पीछे की तरफ से कोई आदमी चिल्लाया। मैंने मुड़कर देखा। मेरा पाँचवाँ भाई घर के बाहर निकलकर सड़क पर भाग निकला था। उसका पीछे पचास साठ लोग कुल्हाड़ी, सरिये आदि लेकर दौड़ रहे थे। वह भाग रहा था तो सामने से आनेवाले पाँच-छह लोगों ने उसे रोक दिया और सब ने मिलकर उसे घेर लिया। झुण्ड में कुछ देर के लिए वह मुझे नजर नहीं आया। मुझे सिर्फ उसकी चीखें सुनाई दे रही थीं। झुण्ड जोर-जोर से चिल्ला रहा था। उनके कपड़ों पर खून के छींटे पड़े थे। समूह विक्षुब्ध था। उसका यह नंगा नाच मुझसे देखा नहीं जा रहा था। कुछ देर बाद लोग हट गए तब मैंने देखा कि मेरा पाँचवाँ भाई भी खून में लथपथ पड़ा है।

इधर लोगों ने मेरे चौथे भाई को भी मार डाला था। मेरी आँखों के सामने मेरे सगे भाइयों को काट दिया गया और मैं कुछ भी नहीं कर सका। मैं दुबककर बैठा था। पड़ोस का मुल्ला चाचा बीच बचाव करने लगा तो लोगों ने उस पर हमला कर उसे भी मार डाला। माँ बेहोश पड़ी थी।

झुण्ड ने सब्बर से घर तोड़ दिया। सामान को तहस-नहस कर दिया। पुलिस को खबर न मिले, इसलिए टेलिफोन के तार तोड़ दिए। सड़क से गुजरने वाले ट्रकों और बसों को गाँव में आने से रोक दिया। वाहनों पर पथराव किया। मैं डर गया था। समझ में नहीं आ रहा था कि क्या करूँ। मारे गए भाइयों को देख रहा था। बरबाद हो चुके घर को देख रहा था। अनुमान नहीं था कि आगे क्या होगा। माँ ने मेरी ओर देखकर कहा, "शरण, तू उम्मीद मत छोड़। कागज ले और सब तरफ रजिस्ट्री कर दे। मेरे भाई को बुला ले।" माँ की बातों से कलेजा पत्थर हुआ जा रहा था। माँ कराह रही थी। छोटी बहन सान्त्वना दे रही थी।

देखते ही देखते खबर हवा की तरह फैल गई। कई देहाती दौड़े चले आए। रोने लगे। पुलिस की गतिविधियाँ बढ़ने लगीं। डी.एस.पी कह रहा था, "यह हत्याकाण्ड प्रेम की घटना से हुआ है। इसे जातिवादी मत बनाइए।" तो दलित कार्यकर्त्ता कह रहे थे, "यह हत्याकाण्ड जातिवाद के कारण ही हुआ है। प्रेम सम्बन्ध की बात होती तो सिर्फ प्रेमी युवक की हत्या हो गई होती। पूरे परिवार की हत्या नहीं हुई होती। प्रेम सम्बन्ध की बात होती तो एक परिवार दूसरे परिवार की हत्या कर देता, लेकिन यहाँ तो पूरा गाँव हत्यारा बना हुआ है। आज एक लड़की को भ्रष्ट किया गया, कल और लड़कियों को भ्रष्ट करेंगे, यही भाव इस हत्याकाण्ड के पीछे है।" मैं पूरे माहौल से दहशत का अनुभव कर रहा था। गाँववालों की बैठक हो गई। बचे हुए दलितों की हत्या करने का बीड़ा उठाया गया। दलित बस्ती पर मातम छाया हुआ था। कोई कुछ नहीं बोल रहा था। उनकी नजरों में डर समाया हुआ था। कार्यकर्त्ता कह रहे थे कि पुलिस को नालिश करने वालों की भी सुरक्षा का इंतज़ाम करना होगा। नहीं तो उनकी भी हत्या हो जाएगी। गवाहों को मिटाया जाएगा।

पुलिस ने तमाशबीनों को हटा दिया। लाशें ऐसी ही पड़ी हुई थीं। मेरे पास एक गाँववाला खड़ा था। उससे एक पत्रकार ने पूछा, "आगे क्या होगा?" उसने बेहद तटस्थ भाव से जवाब दिया, "क्या होगा? एक-दो एकड़ खेत बेचकर मुकद्दमा लड़ेंगे और बाइज्जत बरी हो जायेंगे। वैसे भी, इस तरह के मुकद्दमों में अपराध साबित नहीं होता। पाँच पचास एकड़ जमीन से एक-दो एकड़ बेच देने से क्या फर्क़ पड़ेगा? फिर बचे हुए लोगों का काँटा निकालेंगे। इनके हाथ मंत्रियों तक पहुँचे हुए हैं।" मैं घबराया हुआ था। लग रहा था कि न्यायदेवता का निर्णय सुन रहा हूँ।

पुलिस आई और चली गई।

जब भी मैं अपनी कहानी लेकर दलित संगठनों के पास गया तो पहले यही सवाल पूछा गया, "क्या हमारे संगठन की शाखा तुम्हारे गाँव में है? शाखा होगी तो तुम्हारे गाँव आएँगे। तुम्हारा केस लड़ेंगे।" मैं हर एक के पास अपील लेकर जाता था। झगड़ता था। कुछ लोगों ने हमारे लिए धन भी इकट्ठा किया। लेकिन उसमें से एक पैसा भी हमारे हाथ नहीं लगा।

देहात से लोग आते और हमें कपड़ा, दाना-पानी दे जाते। नेता लोग आते और भाषण कर जाते। पत्रकार आते और साक्षात्कार कराते। पेपरबाज़ी बहुत हो गई। नेताओं की तस्वीरें और रपटें छप गईं। जो भी आए उनकी खबरें छपीं। आगे क्या?

नीला झण्डा फहराती एक मारुति कार आ गई। उसमें दलित नेता थे। उन्हें विस्तार से सारी जानकारी दे दी। उन्होंने हमें समझाया-बुझाया। मुझे पास लेकर तस्वीरें खींच दीं। भाषण हुए। "माँजी, आप फिक्र न करें। आपके बेटे शहीद हो गए हैं।" माँ ने चुपचाप आँखें पोंछ डालीं। चेहरे पर मुस्कान लाने की कोशिश की। मंत्रियों ने भी दौरा किया।

उस दिन बस में सुनीता से मुलाकात हो गई। मैंने हिम्मत कर के उससे कहा, "तुम्हारी वजह से यह हत्याकाण्ड हो गया।" उसने कहा, "मेरा इससे कोई वास्ता नहीं है।" मैंने कहा, "लेकिन तुम तो मुझसे प्यार करती थी न?" उसे कहा, "वह मेरी गलती थी।"

उसने अपने आप को मुझसे छुड़ा लिया। आगे चली गई। मैं सुन्न पड़ गया। सुनीता मुझे हत्यारों से भी क्रूर लगी।

मेरा सफर शुरू हो गया था। हाथ में नीले झण्डे थे। मैं उसे घर पर लगाना चाहता था। संगठन की शाखा खोलना चाहता था। नीले झण्डोंवाली। अन्याय को दूर करने के वास्ते।

रत्ना

बारिश के दिन। आसमान और नदी दोनों हरदम भरे भरे रहते थे। काफी धरती को हरा-भरा पहनावा मिल गया था। पहाड़ी के नीचे था हमारा कस्बा और कस्बे के बाहर था हमारा महारबाड़ा। महारों की बस्ती। छत से टपकती झोंपड़ियाँ। कीचड़ से दलदल बनी पगडंडियाँ। पानी से भरे घूरे। मेंढकों की ताल पर नाचता हुआ पानी हमारे घरों में घुस जाता था।

रत्ना की और मेरी इसी माहौल में परवरिश हुई। उसका मकान हमारे पड़ोस में ही था। बचपन में हम खेल में औरत-मर्द बन जाते थे। लेकिन अब बड़े हो गये। गली की नजरें हम पर गड़ी रहती थीं। रत्ना का और मेरा प्यार लोगों में चर्चा का विषय बन गया था। बस्ती के लोगों के लिए फुरसत का वक़्त काटने को अच्छा शगूफा बन गया था।

रत्ना का बाप मिलेट्री में था। मेरा बाप मेरे बचपन में ही नदी में बह गया था। हमारा गाँव नदी के किनारे है। बारिश में जब भी नदी में बाढ़ आ जाती है, तब इधर के आदमी को उस पार ले जाना और उस पार के आदमी को इस पार ले आने का काम मेरा बाप करता था। फ़ीस आठ-बारह आने मिल जाते थी।

कभी-कभार नदी में बहुत ज़्यादा पानी आ जाता था। धारा में तेजी आ जाती थी। इस पार के लोग इस पार और उस पार के लोग उस पार ही रह जाते थे। गाँव की नाकाबंदी हो जाती थी। पानी थोड़ा-सा उतर जाने पर हमारे महारबाड़े के लोग पानी में उतरा करते थे। लोगों को इधर से उधर, उधर से इधर ले जाते थे। लेकिन पानी के सामने किसी की पेश नहीं चलती। बाढ़ में हरी मिर्च और हरा कद्दू लेकर नदी को लाँघना बहुत खतरनाक माना जाता है। मेरे बाप ने शर्त कबूल की और हरी मिर्च और हरा कद्दू लेकर नदी में कूद पड़ा। यूँ तो मेरा बाप बड़ा कुशल तैराक था। नदी के दोनों किनारे डूब जाने पर भी पानी से बेखौफ़ खेलनेवाला मेरा बाप उस दिन कमर तक के पानी में बहता चला गया। किनारे पर खड़े लोगों ने हो-हल्ला मचाया। बाप डूब गया। चौथे दिन कुरनूर के पास बाप की लाश मिल गयी। नदी किनारे के बेरी के पेड़ में अटक गयी थी। मेरा चाचा देख आया था। वहीं पर बाप

को मिट्टी दी गयी। लावारिस समझकर। बाप नजर आया ही नहीं। जब भी नदी में बाढ़ आ जाती है, दोनों किनारे पानी में डूब जाते हैं, बाप की याद बेचैन कर जाती है।

हर साल कोई न कोई इस तरह बह जाता है। ऊपर की तरफ से लावारिस लाशें बहती चली आती हैं। नदी में आनेवाली लाशों को निकालने का काम मेरा बाप करता था। कभी जवान औरत, कभी कोई नौजवान लड़का, कभी कोई बूढ़ा नदी में डूबा। लाश को देखने पर मुखिया कह देता, "जाने दो रे आगे, ढकेल दो नदी में। कौन पंचनामे का झंझट मोल लेगा? बिना वजह पुलिसवालों का सरदर्द।" बहकर आयी हुई लाश को धारा में बहा दिया जाता। अगले गाँव के पास तालाब था। वहाँ फिर ऐसी लावारिस लाशों का पंचनामा हो जाता था। सगे-सम्बन्धी भी पुलिस के डर से शिनाख़्त नहीं करते थे।

परसों की बात। नदी में बाढ़ आयी हुई थी। धारा में दो नारियल बहते हुए नजर आये। मैं पानी में कूदकर नारियल बाहर निकालना चाहता था। रत्ना वहीं पर थी। उसने मुझे रोका, "बाप के पीछे जाना चाहता है क्या?" उसकी आँखों में पानी भर आया था जो मुझे बाढ़ की तरह लगा। रत्ना पानी से भरी नदी की तरह लगी। मैं लौट पड़ा।

पिछले साल की बात है। जोरदार बारिश हो चुकी थी। पानी दो बार परकोटे को छू गया था। रत्ना का पैर फिसला और वह नदी में गिर गयी। मैं किनारें पर था। छलाँग लगा दी और उसे नदी से बाहर ले आया। रत्ना बच गयी और मेरी हो गयी। लेकिन उसके खानदान के साथ हमारी जानी दुश्मनी थी। मेरे परदादा उसके खानदान के रिश्ते की किसी औरत को भगा ले गये थे। तब से हमारे-उनके सम्बन्धों में दरार पड़ गयी थी।

रत्ना मुझ पर जान देती थी। कहा करती, "ब्याह करूँगी तो तेरे संग, नहीं तो बाढ़ के पानी में कूदकर जान दे दूँगी।" अम्मा कहती, "यह नहीं होने का।" मेरी अम्मा बेहद गरीब औरत है। वह कस्बे के मास्टर से भी डरती थी। और फिर रत्ना का बाप फौजी था।

रत्ना मेरी जिन्दगी में बाढ़ की तरह आ गयी। नये पानी की तरह उसकी आँखें। भीगी जमीन जैसे उसके होंठ। ओस की बूँदों जैसे उसके दाँत। फेनिल दौड़ते पानी जैसा उसका स्वभाव। पहरों के बावजूद उसके साथ अधूरी मुलाक़ातें—पानी के उतारवाली नदी जैसी।

वन की हवा की तरह सनसनाती रत्ना बस्ती में घूमा करती थी। कितने ही लोगों की नज़रों में चुभ जाया करती थी। उसका रूप अग्नि जैसा था। उसे घर के बाहर निकलना भी मुश्किल हो गया। उसके साथ उसकी बहन हमेशा रहा करती थी। मेरा और रत्ना का मिलना बस्ती के अँधेरे को सुलगा रहा था। मैं नदी पर जाता

था। पानी से बातें करता था। लगता था कि रत्ना गंगा की तरह धारा से निकल आये, लेकिन ऐसा होता नहीं था।

आँखों से आँसुओं की धारा बहती रहती। बाढ़ से बरबाद हो चुके सगवारे की तरह मैं खड़ा रह जाता। पानी बह जाता। लगता कि अच्छा होता अगर मैं और रत्ना पानी में बह जाते। रत्ना मेरी है। मैं नदी की ओर डबडबाई आँखों से देखता रहता। रत्ना पानी भरने के लिए नदी पर आ जाती। वह ऊपर की ओर पानी भरती और मैं नीचे उसके पैरों को छूकर आनेवाले पानी को अंजुरी में भर लेता, आँखों से लगाता, होठों से लगाता।

रत्ना चली जाती। मैं जस का तस किनारे पर खड़ा रह जाता। आँखों में दह भर जाता। दूर-दूर तक बहती जा रही नदी और आँखों से दूर होती जा रही रत्ना को देखते जाने में मैंने कभी भी थकान महसूस नहीं की। रत्ना लौट आएगी। इस पानी की हर एक लहर पर उसका ताज़गी भरा चेहरा अंकित है। वह आ जाएगी मुझे देखने के लिए। एक-एक याद दे जाएगी इस नदी में छोड़ देने के लिए।

नदी किनारे की शाम। किनारे पर बगुलों की कतारें। घर की ओर लौट रहे मवेशी। चरवाहे के कंठ में खुशनुमा गीत। बन में गये लोग थके-मांदे लौट रहे हैं। घर उन्हें खींच रहा है। महादेवजी के मन्दिर से सुनाई दे रही है पूजा-पाठ की घंटियाँ। एक के बाद एक जल उठे दिये और चूल्हे। नदी पर अँधेरे की परतें। पानी पर तैरती हुई चाँदनी। उछलती लहरें—किनारे के बदन पर। देवाप्पा के खेत में घास काटने गयी अम्मा नदी पार कर लौट रही है। अँधेरे में बह रही ठण्डी बयार-जैसी उसके पैरों की कँपकँपाहट झींगुरों के गले से महसूस हो रही है। उसकी साँसों की गर्माहट जल रहे चाँद से महसूस हो रही है। पानी के छलछलाने की तरह वह मन में भीग रही है। पानी में किसी के कदमों की आहट। गागर के भरे जाने की आवाज़ और रत्ना मुझसे आवेग के साथ लिपट रही है।

"कब तक इस तरह चोरी-चोरी मिलते रहेंगे?"

"किसी ने देख लिया तो?"

"चलो, हम भाग जाते हैं।"

"नहीं तो मैं जान दे दूँगी।"

"गणा बहुत परेशान कर रहा है।"

"तू कुछ न कुछ करता क्यों नहीं?"

"बोल न!"

मैं उसकी बातों के आवेग और गति को समझ रहा था। घने गहरे अँधेरे में गवाह था उसका स्पर्श। और नदी के बहने की आवाज़। बीच ही में किसी पंछी की फड़फड़ाहट के साथ उड़ जाने की तरह रत्ना की माँ की पुकार कानों में पड़ गयी। बादलों के पीछे से बाहर आनेवाले चाँद की तरह रत्ना चली गई। उसकी माँ अब उसे

सतायेगी।

चाँद धीरे-धीरे ऊपर उठ रहा था। सितारे आसमान में भीड़ लगाने लगे थे। पानी रुपहला नजर आ रहा था। पानी की घास भी रुपहली बन गयी थी। रेती पर रुपहला मुलम्मा चढ़ गया था। ताड़ी के बन में टिटहरी बोल रही थी। अब घर की ओर लौटना होगा, वरना अम्मा नदी की ओर चिल्लाती हुई आ जायेगी।

कुछ शंख-सीपियाँ मुठ्ठी में भरकर मैं घर लौट आया।

रत्ना के रोने की आवाज़ आ रही थी। रात कलेजे में फट रही थी। मैं पूरे घर में बेचैन हो रहा था। अम्मा भी उदास हो गई थी। कुछ देर बाद गणा चला गया। वह रत्ना के घर से निकला था। गणा को देखकर अम्मा सहम उठी! गणा ने उसे धमकाया था।

गणा गाँव का नंबर एक का शोहदा था। पूरा गाँव उससे डरता था। वह रत्ना पर मरता था। उसने रत्ना का हाथ पकड़ लिया था। गणा इधर काफी देर तक रत्ना के घर में जाकर बैठने लगा था। रत्ना की माँ उस के सामने बेबस थीं। वह उसे तकलीफ देने लगा। गणा से दुश्मनी मोल लेना मामूली बात नहीं थी। या तो इस काँटे को निकाल बाहर कर दिया जाय या रत्ना को लेकर भागा जाया जाय। नहीं तो रत्ना के खयाल को ही दिल से निकाल दिया जाय। समझ में नहीं आता था कि करें तो क्या करें।

रत्ना की मुस्कानें कलेजे पर अंगार रख जाती थीं। मैं हरदम बेचैनी की जिंदगी जी रहा था–कभी रत्ना की माँ ने रत्ना को दी हुई तकलीफों से, कभी गणा की गुण्डागर्दी से, कभी रत्ना की आत्मघात की बात से, और कभी मेरी अम्मा की अनबूझ समझ की वजह से। इस गाँव से अब लापता हो जाना होगा। इसके बिना गणा चैन की जिंदगी जीने नहीं देगा।

दो दिन हो गए, नदी की बाढ़ में उतार नहीं था। काटगाँव के तालाब का पानी नदी में छोड़ दिया गया था। बेहद बारिश की वजह से तालाब को खतरा पैदा हो गया था। इसलिए सारा पानी नाले से छोड़ दिया गया था। नदी पर जवानी चढ़ी हुई थी। पानी बेकाबू होकर बढ़ रहा था। आज मैं और रत्ना हमेशा के लिए इस नदी को अलविदा कहनेवाले थे।

ज़मीन पर अँधेरा पसर गया था। मैं आँखों में पानी भरकर घर से विदा हो गया। अम्मा रसोई बना रही थी। रत्ना घर में नजर नहीं आयी। वह कब की नदी किनारे पहुँच गयी होगी। खेतों को रौंदता हुआ मैं भी नदी के पास जा रहा था।

नदी में काला जल बह रहा था। रात और मिट्टी का मिलन हो गया था। अँधेरा खिल रहा था। मैं अधीर होकर निश्चित जगह पर पहुँच गया। पलभर के लिए कुछ समझ नहीं आया। गणा ने रत्ना को पकड़ लिया था। रत्ना प्रतिरोध कर रही थी। गणा रत्ना को लातों और मुक्कों से मार रहा था। मेरी आँखों का पानी आग

हो उठा। भूमि के गर्भ में अँधेरा खलबला गया। मैं बाढ़ की तरह गणा पर टूट पड़ा। पूरी ताकत से उसे जमीन पर गिरा दिया। उसकी गरदन पर पैर रखकर दबा दिया। गणा के शरीर में तड़फड़ाहट होने लगी। अँधेरा काँप रहा था और साथ ही साथ मेरा पैर भी उस की गरदन पर दबाव बढ़ाता जा रहा था। मेरे पैरों में प्रचण्ड बाढ़ की ताकत आ गयी थी। रत्ना रात की तरह खड़ी थी। गणा की तड़फड़ाहट थम गयी। उस के दोनों पैरों को पकड़कर अब मैंने बाढ़ में बहा दिया। अब उसकी लाश बहती हुई नीचे की ओर चली जायेगी। कहीं किसी जगह पर लावारिस लाश का एक और पंचनामा हो जायेगा।

एक वहशी अँधेरा धारा में हमेशा के लिए खो गया था।

नदी की धारा में रवानी आ गयी थी। पानी कलकल करता हुआ बह रहा था।

मैंने रत्ना को अपने पास खींच लिया। बाहों में भर लिया। किनारे पर रत्ना की माँ दिखाई दी। उसके पीछे-पीछे मेरी अम्मा भी चली आ रही थी। मेरी समझ में कुछ नहीं आ रहा था। रत्ना की माँ करीब आ गयी।

"यह छोरी तो तेरे लिए ही पैदा हुई है। तुम दोनों चैन से रहो। गणा के डर से ही मैंने तुम दोनों को सताया।"

पानी की कलकल साफ सुनाई दे रही थी।

हम नदी से घर लौट आये। तब फिर एक बार गणा की लाश की याद आ गयी। अब वह बहती कहाँ तक पहुँच गयी होगी?

अन्धेरे का गर्भ

बली लकड़ियाँ चीर रहा था। कुल्हाड़ी से घाव बरस रहे थे। लकड़ी से खपच्चियाँ उड़ रही थीं। लकड़ी का कुंदा टूटते नहीं टूट रहा था। बली अपनी पूरी ताकत लगाकर कुल्हाड़ी चला रहा था। आधी लकड़ियाँ काटी जा चुकी थीं। आधी अभी बाकी थीं।

सुबह से ही बली धूप को बदन पर झेल रहा था। दो दिन में मुखिया के घर की लकड़ियाँ काटकर फिर उसे सरपंच के घर की लकड़ियाँ काटने जाना था। गाँव की लकड़ियाँ काटना ही उसकी जीविका थी। गाँव वाले उसे लकड़हारा ही कहा करते थे।

लकड़ी काटने की आवाज़ से हवेली की शान्ति में बाधा आ रही थी। कुल्हाड़ी के वार से लकड़ी कट रही थी। खपच्चियाँ उड़कर दूर जाकर गिर रही थीं। लकड़ी में घुसी कुल्हाड़ी मुश्किल से बाहर निकल रही थी। बली लकड़ी में घुसी कुल्हाड़ी को खींचता रहता था। वह पसीने से तरबतर हो गया था। उसके बदन की नसें ऐंठ गयी थीं। उसकी साँस फूल गयी थी। हवा की लहर से पसीने में भीगे बदन को ठण्डक पहुँच रही थी। बली ने माथे का पसीना पोंछ लिया और तमाखू में चूना लगाकर मसलने लगा।

बली के कानों में पैंजनिया के स्वर पड़े। उसका मन तरोताज़ा हो गया। उसकी नज़र विचलित हो गयी। उसे कृष्णा राज की बताई कहानी याद आ गयी।

कृष्णा राज महारबाड़े में शराब पीने के लिए आया हुआ था। उस पर बेहद नशा चढ़ गया। चलना मुश्किल हो गया। बहुत अँधेरा था और जोरों की बारिश शुरू हो गयी। बस्ती के कुत्ते उस पर भूँक रहे थे। उस वक़्त बली ने कृष्णा को सहारा दिया। उसे उठाकर उसके घर पहुँचा दिया।

राजगीर कृष्णा दूसरे गाँव का था। मुखिया की हवेली बनाने के लिए वह अपने बाप के साथ आया हुआ था। दो वर्ष तक काम चलता रहा।

कृष्णा राज की बातों को बली भूल नहीं पाया। उसे आज भी उसके शब्द तेजाब की तरह जला रहे थे। मुखिया की हवेली मैंने ही बनाई है, पता है तुझे? दिन में काम चलता था और रात में वह अपने आप ज़मीन में धँस जाता था। हवेली की

दीवारें उठ नहीं रही थीं। चाहे जितनी कोशिश करो, काम आगे नहीं जा रहा था। हम थक गये। मुखिया एक ओझा को ले आया। पता है, जानकार ने क्या बताया? उसने कहा, 'हवेली का काम कभी भी पूरा नहीं होगा। अगर पूरा करना चाहते हो तो ग्रह शांति करनी होगी। बिना शान्ति किये हवेली का काम पूरा नहीं होगा।' शान्ति करने का मतलब समझते हो? कृष्णा राज बता रहा था। ओझा ने क्या बताया, मालूम है? उसने कहा कि हवेली की नींव में किसी गर्भवती महारन को गाड़ना होगा। किसे गाड़ा गया, जानता है? अरे, तेरी माँ को गाड़ दिया गया! उसके पाँव भारी थे। तुम्हारे जन्म के बाद दूसरी बार की बात है।

तुम्हारी माँ खेत से काम करके लौट रही थी। उसके सिर पर घास का गट्ठर था। मुखिया के मुलाजिमों ने उसे रास्ते में ही पकड़ लिया। उसे उठाकर मुखिया की बाड़ी में ले गये। रात में उसे हवेली की नींव में गाड़ दिया गया। ओझा अभुआकर काँपने लगा था। मंत्र बोले जा रहा था। तुम्हारी माँ मौत के डर से काँप रही थी। चिल्ला रही थी, "मेरे पेट में बच्चा है, मुझे छोड़ दो।"...

तब से मैं शराब पी रहा हूँ।

मुखिया ने ओझा को पाँच मुठ्ठी धन दे दिया। गाँव में अफवाह फैला दी कि तुम्हारी माँ मुम्बई भाग गयी है। फिर मुखिया ने तुम्हारे बाप को जमीन का एक टुकड़ा दान दे दिया। तब तुम तीन-चार साल के होंगे। कृष्णा राज डरते हुए बताता रहा। पैंजनिया की आवाज से मानो पानी की खामोश सतह हिलकर नीचे की गंदगी ऊपर आ गयी। बली भड़क उठा। आँधी में सूखे पत्ते ऊँचे उड़कर चकराते हुए नीचे आते हैं। बली की मनोदशा ऐसी ही हो गयी। नारायणराव मुखिया की इकलौती बेटी थी वर्षा। बड़ा बेटा आनन्दराव पंचायत समिति का उपसभापति था। वह तहसील की राजनीति में ऊपर-नीचे हो रहा था। तहसील के गाँव में ही रहता था। हफ्ते में एक बार अपने गाँव आता-जाता रहता था। पिछले वर्ष वर्षा की शादी हो चुकी थी। चार दिन पहले ही जोंगट का कार्यक्रम था। एक वर्ष में ही वर्षा का रूप बदल गया था। जैसे वर्षा में आकाश पनीला जाता है, उसी तरह उसका अंग-अंग गदराया हुआ था।

कोमल पाँवों में मेहँदी रची हुई थी। नितम्ब गोल उभरे हुए थे। चुन्नटों के पीछे से उसका गर्भवती होना ऐसे झाँक रहा था, जैसे बादलों के पीछे से चाँद झाँकता हो। बली की नजर वर्षा के पेट के आसपास रेंगने लगी। वह खिल उठा। गर्भवती वर्षा को देखकर उसे अपनी माँ की याद आ गयी। बली ने कुल्हाड़ी उठायी। होश खोकर वह लकड़ियाँ काटने लगा। दुश्मन की तरह वह उस लकड़ी पर टूट पड़ा था।

मुझे भी मुखिया की लड़की को भगा ले जाना चाहिए। उसे जमीन में जिंदा गाड़ देना चाहिए। और उस पर एक झोंपड़ी बनवानी चाहिए। बली की ताकत लकड़ी की तरह चटक रही थी। कुल्हाड़ी के बाद कुल्हाड़ी बरस रही थी। बली ने काटी हुई लकड़ियों को करीने से लगा दिया। कुल्हाड़ी कन्धे पर डालकर वह

दीवानखाने के दरवाजे के पास वाली सीढ़ी पर वह खड़ा हो गया। "मालकिन, मैं जा रहा हूँ। कुछ तो दीजिए।" बली की आवाज़ बिल्ली की तरह हवेली में घुस गयी। एक खपच्ची बली के अँगूठे में घुस गयी थी। उसका अँगूठा लहूलुहान हो गया था। खून जम गया था। बली ने कुल्हाड़ी के डंडे से मिट्टी खोद ली। मिट्टी को पछोर कर जख़्म पर छिड़क दिया। कुछ देर बाद लक्ष्मी मुखिआइन बाहर आ गयी।

"काट दी सारी लकड़ी?"

"नहीं जी, कल फिर आ जाऊँगा।"

"कल मेहमान आने वाले हैं, कल मत आना। मैं फिर बुलावा भेज दूँगी।"

"जी!"

बली ने अपनी धोती आगे फैला दी। लक्ष्मी मुखिआइन ने उसमें ज्वार डाल दी। कागज में लपेटकर कुछ रोटियाँ भी दे दीं। बली का चेहरा सन्तोष से खिल उठा। वह लँगड़ाता हुआ हवेली के बाहर चला आया।

बली घर आ गया। उसका बाप बीड़ी फूँक रहा था। बली पिता के पास चला गया। चोखा महार अपने बेटे की ओर ध्यान से देखने लगा।

"क्या दिया मुखिआइन ने?"

"मुझे एक बात पूछनी है।"

"कैसी बात रे?"

"माय के बारे में।"

"मतलब?"

"क्या यह सच है कि मेरी माय को मुखिया की हवेली के नीचे गाड़ दिया गया था?"

"हाँ, सच है।"

"फिर मुझे क्यों नहीं बताया?"

"बताने से क्या होता? तू क्या उसे फिर से जिंदा कर देता? लेकिन तुझे पता कैसे चल गया? अरे, सारे गाँव को भी तभी पता चल गया था। लेकिन मुखिया का विरोध कौन करता? मुखिया ने मुझे ज़मीन का टुकड़ा देकर मेरा मुँह बंद कर दिया। मैं अकेला क्या कर सकता था? जिस मुखिया ने हवेली बनवाई थी, वह तो कब का मर गया। उसका बेटा नारायणराव मरने जा रहा है। बरस दो बरस में भगवान के घर चला जायेगा। हम क्यों उनका कुछ बिगाड़ें?" कहकर चोखा महार चुपचाप बीड़ी पीने लगा, लेकिन बली बेचैन था।

आसमान में सितारे उग आये थे। हवा बह रही थी। बली सितारों की रोशनी में तूफान की तरह निकल पड़ा। उसके हाथ का हँसिया रोशनी में चमक रहा था। मुखिया के दिये हुए खेत की तरफ वह चल पड़ा। उसे बार-बार यह बात डस रही थी कि हम पटेल का बाल भी बाँका नहीं कर सकते। खेत में फसल झूम रही थी।

बली वहाँ पहुँच गया। हँसिया सँभाला। खेत में खड़ी फसल को काटने लगा। सगवारा काँप उठा। भोर होने तक बली ने सारी फसल काटकर रख दी।

बली चबूतरे पर आकर हँसिये को सिरहाना बनाकर सो गया। नींद में खो गया। दोपहर में किसी ने जगाकर उसे बताया, "बली, तुम्हारे खेत की फसल किसी ने काट दी है।" बताने वाले पर खीझते हुए बली फिर आराम से सो गया।

नींद में उसने सपना देखा। बली की माँ कटी हुई फ़सल की ढेरी बनाने जा रही है और बनाने के बाद उसे आग भी लगाती जा रही है। उस आग में मुखिया की हवेली जलकर राख हो रही है। बली जाग पड़ा। धूप ढलने लगी थी। वह घर चला आया। चोखा महार घासफूस की दीवार को टेककर बैठा हुआ था। उसके सामने कुत्ता सोया हुआ था। आसपास मुर्गियाँ दाने चुग रही थीं। बली आ गया। उसने मुँह पर पानी फेर लिया। पिता की ओर देखा। उसे अपने पिता पर करुणा जाग गयी। मुखिया के खिलाफ पिता क्या कर सकते थे? मुखिया ने पिता को भी रास्ते से हटा दिया होता। फिर मैं तो बेसहारा ही हो गया होता। पिता ने ही तो मुझे पाल-पोसकर बड़ा बनाया। वह पिता के पास जाकर बैठ गया।

आज कुछ काम नहीं था। बली घर पर ही बैठा रहा। दोपहर का वक़्त था। काम न होने पर वह ऊब जाता था। गाँव की तरफ निकल पड़ा। गाँव में हो सकता है कोई न कोई काम बता दे। रास्ते में दो औरतें रास्ता काट गयीं। बली ने पीछे हटकर उनको रास्ता दे दिया। वह चौपाल के पास आ गया। गाँववाले बैठे हुए थे। सदर पर पंच विराजमान थे। सीढ़ियों के पास लखू महार और येमा महार बैठे हुए थे। नारायणराव मुखिया जातपंचायत की हर सभा में उपस्थित रहा करते थे, लेकिन आज नहीं आये थे। उनकी उम्र हो चुकी थी। तबीयत भी साथ नहीं दे रही थी। लोग उनसे मिलने हवेली जाया करते थे।

बली खामोश हो गया। उसने हवेली की ओर देखा। हवेली ऊँचाई पर बनवाई गयी थी, ताकि हर कहीं से नजर आये। बली को माँ का रोना सता रहा था। वह अपने होश खो बैठा। सोच-सोच कर वह थक जाता था कि इस हवेली के एक पत्थर को भी हिला नहीं सकता। उसे गर्भवती वर्षा की याद आ गयी। उसका गोरा बदन और लुभावना रूप सताने लगा। लकड़ियाँ काटने के लिए हवेली पर जाना चाहिए। वर्षा को आँगन में आना चाहिए। लकड़ी की तरह उसे काट देना चाहिए। उसके बच्चे को पत्थर पर पटककर मार देना चाहिए। फिर जो होना है हो जाये। बली बदले की भावना से पोला होता जा रहा था, मानो उसे घुन लग गयी हो।

वर्षा का जोंगट का कार्यक्रम हो गया। पूरी हवेली बिजली की रोशनी से जगमगा रही थी। सारे गाँव को न्योता भेज दिया गया। बली को भी हवेली पर बुलाया गया था। हवेली की सीढ़ियाँ चढ़ते हुए उसे माँ की याद सता रही थी। वह हवेली चला गया। नारायणराव मुखिया कड़ी के झूले पर बैठे हुए थे। हवेली में मेहमानों-रिश्तेदारों

की चहल-पहल थी। बली सीढ़ियों के पास लाचार-सा खड़ा था। उसकी नजर वर्षा को ढूँढने लगी। वर्षा कहीं भी नजर नहीं आ रही थी। हवेली के भीतर से एक नौकर आया। जोंगट के लिए बनाया गया पकवान पत्तल में बाँधकर वह ले आया। बली ने उसे ले लिया। मुखिया को जोहार कर वह बाहर निकल आया। बाहर निकलते वक़्त उसे ऐसे महसूस हुआ, जैसे पाँवों में भारी बेड़ियाँ डाल दी गयी हैं।

यह मिठाई का भोज तो मेरी माँ का महाभोज है। यह तो कड़वा काढ़ा है। वह जंगल की आग की तरह धधक रहा था।

बली हवेली की सीढ़ियाँ उतर रहा था और उसकी पलकों में आँसू झूल रहे थे। उसे लगा कि हवेली की दीवारों को तहस-नहस कर डाले और इनमें खामोश सोई हुई माँ को जगा दे। उसे पुकारे, उसकी गलबहियाँ ले ले। लेकिन यह सब तो उसकी कल्पना का खेल था।

वर्षा शायद अपने गर्भवती होने के दिनों की गिनती न करती हो, लेकिन बली एक-एक दिन गिन रहा था। जैसे-जैसे वर्षा की प्रसूति का दिन निकट आने लगा, वैसे-वैसे वह पागल होने लगा। वह इस इरादे से भर गया कि जब तक वर्षा गर्भवती है, तब तक ही मुझे बदला लेना चाहिए। अब नौवाँ मास पूरा हो जायेगा। नौ दिन भी पूरे हो जायेंगे। फिर वह सुख से प्रसवा हो जायेगी। फिर एक बार हवेली में धूम मचेगी। लेकिन यह खुशियों का दिन नहीं आ पायेगा। यह हवेली खून से रंग जायेगी। बली दिन-रात बदले के सपने देखने लगा।

बली ने कुल्हाड़ी कंधे पर रख ली और वह हवेली की दिशा में चल पड़ा।

अमावस के बाद की रात थी। चाँद अभी निकला नहीं था। सितारे भी कम ही थे। हवा झिरझिर बह रही थी। गाँव शान्ति से सोया हुआ था। बली के पाँवों में तूफान भर गया था। दिमाग में बिजलियाँ कौंध रही थीं। आँखें बड़वानल-सी डरावनी हो गयी थीं। अँधेरा रहस्यमय लग रहा था। हवेली मृग मरीचिका की तरह काँप रही थी।

बली ने कंधे पर रखी कुल्हाड़ी को भीषण आवेग के साथ ऊपर उठाया और हवेली की दहलीज़ पर जोर से आघात किया। एक ही वार में दहलीज के दो टुकड़े हो गये। बली होशहवास खोकर उस बुलंद हवेली के खानदानी दरवाजे पर लगातार आघात करता रहा और दरवाजा ढीला होता गया। कुल्हाड़ी की धुआँधार आवाज़ से हवेली काँप उठी थी। मुखिया नारायणराव पुकारने लगे, "कौन है? कौन है?" बली ने आखरी आघात किया और दरवाजा धडाम से जमीन पर गिर पड़ा। सीढ़ियों से लड़खड़ाता हुआ नीचे आ गिरा। जोर की आवाज हुई। इस आवाज के साथ छोटे बच्चे के रोने की भी आवाज़ आ गयी।

वर्षा प्रसूत हो गयी थी।

चाँद निकल आया था।

बली हवा की तरह अन्धेरे में गायब हो गया।

चकत्ता

मैं पहली कक्षा में पढ़ रहा था, उस वक्त की याद है। तब मैं बड़े चाव से अंकनी (सलेटी) चबाता रहता था। दिन में एक पूरी अंकनी खा जाया करता था। अंकनी खाये बिना जी को चैन ही नहीं पड़ता था। माँ रोज-रोज अंकनी कहाँ से खरीद सकती थी? मैं जब भी दुकान जाता, अंकनी खरीद लेता। जाड़ी अंकनी मुझे बहुत अच्छी लगती थी। स्कूल में मैं बच्चों की सलेटियाँ चुराने में बड़ा माहिर था। अंकनी चुराते ही मैं उसे सुपारी की तरह चबा डालता। इससे चोरी की चीज़ किसी को मिल नहीं सकती थी। अंकनी खाने से मुँह सफेद हो जाता था। इसलिए मास्टरजी ने मुझे पीटा था। घर पर माँ भी पीटती रहती थी।

एक बार अंकनी खाने की जोरदार तलब उठी। लेकिन वह कहीं मिल नहीं रही थी। इस पर मैंने अपनी लिखने की सलेट ही तोड़ दी और उसके टुकड़े चाटने लगा। मैं सींकिया पहलवान था। हाथ पैर सींक जैसे और पेट बड़ा फूला हुआ। माथे पर लछमी देवी जैसे बाल बढ़े हुए। मैं मन्नतोंवाला बेटा था। मुझे चिवरीवाली लछमीदेवी पर न्योछावर किया गया था। मेरा नाम था कचरू। मेरा जन्म भी ऐसा ही उलटा-सीधा। मेरी माँ सटवी। कहते हैं कि कूड़ेदान से कुछ चुनती रहती। पीठ पर घासफूस, सूखी लकड़ियों का बोझ और आगे पेट से होने के कारण यूँ बड़ा-सा पेट। दिन पूरे होने को थे। सटवी माँ कूड़ेदानों-घूरों पर घूम रही थी। अमीर मुखिया के घूरे पर उसके पेट में दर्द होने लगा और वहीं पर जचगी हो गयी। मेरी पैदाइश कचरे में हो गयी, इसलिए उसने मेरा नाम कचरू रखा। सब मुझे 'कचरिया' कहकर बुलाते।

दिन में स्कूल जाता। दोपहर में गाँव में जाकर घर-घर भीख माँगता फिरता। मेरा बाप पोतराज था। देवी का भगत। साँप के काट खाने से वह मर गया। उसके मरने के चार साल बाद मैं लछमी की मन्नत से पैदा हुआ। माँ ने बाप की हलगी (ताशे जैसा वाद्य) को जरूर सँभालकर रख दिया था। माँ रोज मुझे भजन सिखाया करती। हलगी के हाथ[1] भी सिखाया करती। भीख माँगने के तरीके सिखाती रहती।

---

1. हाथ : हलगी बजाने का तरीका

कहती कि अगर कोई चंट कुत्ता भूँकने लगे तो भागना मत। मैं सारी बातें ध्यान से सुनता था। सुबह बगल में स्कूल की स्लेट होती थी। दोपहर में लछमी देवी का झोला। देर-सबेर अंकनी खाने की आदत छूट गयी। कभी-कभार मैं सूखा रेंट भी खाया करता था। भीख माँगने जाने से पहले माँ मेरे चेहरे पर सिंदूर और पीली मिट्टी पोत देती थी। चार-पाँच चोली के चिथड़े भी कमर पर बाँध देती थी। कंधे पर झोला। 'कुत्तों से बचना। परोसा ले लेना, नहीं तो आगे बढ़ जाना।' कहा करती थी। मैं इनकार करता तो फिर मुझे मारा करती थी। 'माँगेगा नहीं तो खायेगा क्या? माँ लछमी तुझे देख लेगी। उसका अपमान करता है। कीड़े पड़ेंगे तेरे और मर जायेगा तू।' फिर भी मैं माँगने नहीं जाता, तो माँ गुस्से से भड़क उठती। झोला देकर घर से बाहर निकाल देती। मैं आँखें पोंछता हुआ गाँव की तरफ चला जाता। सिंदूर पोते जाने से मुँह सिकुड़ा-सा जाता था। बाकी बच्चे मुझे 'देवता आदमी' मानते थे। मुझसे झगड़ा करने से डरते थे। कुछ बच्चे 'पोतराज' कहकर चिढ़ाते भी थे।

सिर में न तेल न कंघी। बाल रामबाँस की तरह बढ़े बिखरे। मेरे बाल बढ़ते भी जल्दी थे और बहुत घने भी थे। जुओं, लीखों और उडूंबर के लासे से पागल हो जाने की नौबत आती थी। माँ हमेशा कामकाज में डूबी रहती थी। उसे तो अपने सिर के बालों की ओर देखने का भी होश नहीं था। कभी-कभी मेरे सिर की जुएँ मारा करती थी। बाल उलझकर गुत्थमगुत्था हो गये थे। कंघी करते हुए बेहद तकलीफ होती थी। रोया करता था। सिर में रूसी काटती रहती। जान का जंजाल हो गया था।

हर साल हम चिबरी के मेले में जाते थे। माँ पाई-पाई इकठ्ठा कर कुछ रकम जमा करती थी। कभी मुर्गी तो कभी बकरा काटा जाता था। इस साल हलगी पर नया चमड़ा चढ़ा लिया था। मेरा पट्ट[1] भी बिठाना था। मुझे गुरु भी करना था। स्कूल तो छूट ही गया। सलेट कोने में पड़ी धूल खा रही थी। मैं रोज ही माँगने जाता था, लेकिन हर बार कौन देगा? आसपास के गाँवों में भी माँगने के लिए जाने लगा। रोटी के टुकड़े, आटा, नमक इफरात में मिलता था। चार गाँव माँगकर गठरी बाँधकर ले आता। माँ खुश हो जाती।

किसी के भी दरवाजे पर जाकर हलगी बजाते हुए खड़े रह जाना। देवी की आरती गाना। 'देना हो माय ऽऽ' कहकर पुकारना। कोई भक्तिभाव से दे देता। कोई झल्लाकर कहता, 'चलो आगे बढ़ो, नहीं देना।' कोई गालियाँ देता, 'भीख क्यों माँगते हो? काम करो और खाओ।' कुछ स्त्रियाँ झींजकर कह देतीं, 'किस-किस को दें? सतरा जने आते हैं माँगने।' कुत्ते भूँकते हुए पीछा करते। कुछ शैतान बच्चे भी कुत्तों की तरह पीछे पड़ जाते।

अब मैं हलगी अच्छी बजाने लगा था। गाना भी याद हो गया था। कुत्तों का डर भी कम हो गया था। कुछ बेशर्म भी हो गया। लाज टूट चुकी थी। जब तक कोई

---

1. पट्ट : दीक्षा, पट्ट बिठाना अर्थात दीक्षा देना।

देता नहीं था, तब तक हलगी बजाता खड़ा रह जाता। फिर लोग दे ही देते। बाल भी बहुत लंबे हो गये। अब मैं खुद अपने चेहरे पर सिंदूर लगा सकता था। आईने में देखकर चेहरा पोत सकता था। गले में झोली और हलगी हुआ करती थी। कमर पर आभरान[1] भंडारा[2], पैरों में तोड़ा[3], जो झनूझनू बजता था। कमर पर कौड़ियों की मालाएँ। अच्छा लगता था। पोतराजगीरी का महत्त्व समझ में आने लगा।

एक बार माँ तेल लेकर कंघी कर रही थी। मैं उसके आगे बैठा हुआ था। उसने सहज ही मेरी बाँह की ओर देखा। उसने उसे पकड़कर खुजलाया। मेरी बाँह पर चकत्ते का निशान था। कुछ कम हो जाएगा, यही सोचकर माँ ने झाड़पाला बाँध दिया, लेकिन चकत्ता नहीं गया। फिर माँ ने हल्दी भी भर दी। लेकिन दाग वैसा ही रहा। एक बार माँ ने पूछा, "चकत्ते में खुजली होती है?" चकत्ते में खुजली नहीं होती थी। उसके फैलते जाने के डर से माँ को फिक्र होने लगी। पर मैं उससे बिल्कुल बेफिक्र था।

मेरी बाँह के दाग के बारे में बच्चों को पता चल गया। यह दाग नहीं चकत्ता था, बड़ी बीमारी का, कोढ़ का। बच्चे मुझसे दूर रहने लगे। मुझे यलल्या की याद आ गयी। उसकी झड़ गयी उंगलियाँ, सड़ी हुई आँखें, उसका कराहना मुझे याद आ गया। मैं बहुत घबरा गया। मेरी भी उंगलियाँ सड़ जायेंगी। नाक झड़ जायेगी। महारबाड़ा मुझे बस्ती से बाहर कर देगा। फिर मुझे हगनहटी में रहना पड़ेगा। ब्याह तो होगा ही नहीं। यलल्या की आँखें मेरा पीछा करतीं। मैं थककर चूर हो जाता। मैं चकते को छिपाने की कोशिश करने लगा। माँ कहती, "तूने देवी का अपराध किया है। सजा माँग ले। दाग चला जायेगा।" मैं देवी की मन्नत मनाता। देवी को गुहार लगाता। लछमी देवी की गुढ़ी के सामने जाकर हलगी बजाता। हलगी की आवाज़ से तन-मन भर जाता।

'मैं देवी का पोतराज हूँ। फिर देवी का मुझ पर कोप क्यों हो? मैं देवी का भगत हूँ। फिर वह मुझे भला-चंगा क्यों नहीं कर देती? मैंने देवी की इतनी मन्नतें मनाईं, फिर वह मुझ पर किरपा क्यों नहीं करती? मैंने क्या कुछ गलत किया है? क्या देवी को मेरी हलगी सुनाई नहीं पड़ती होगी? माँ कहती है सरकारी अस्पताल जा। अस्पताल में बीमार अच्छे होते हैं तो फिर मैं देवी की मन्नतें क्यों मनाऊँ? मुझे कोढ़ तो होने दो मैं लछमी के दरवाज़े को काँटों से पीटूँगा।' मेरा सिर चकरा जाता।

मेरे हाथ की बड़ी उँगली में दरद हो गया और उंगली सड़ने लगी। पैरों में भी दरारें पड़ने लगीं। अब बड़ी बीमारी बदन पर भी चढ़ने लगी। ताव आने लगा। मैं अपनी बीमारी छिपाकर लोगों में जाता था। आता था। देवी की पूजा करता था। चार

---

1. आभरान : एक प्रकार का वेष।

2. भंडारा : हल्दी का चूर्ण।

3. तोड़ा : पैर में पहना जानेवाला एक गहना।

घरों में माँगने जाता। माँ कहेगी वहाँ काम करने भी जाता था। किसी तरह घर-संसार चल रहा था। सरकारी दवाखाने जाने के लिए पैसे कहाँ थे? दुखने लग जाता तो लछमीगाय का भंडारा ही चुपड़ देता था।

बडी उँगली झड़ गयी। दूसरी दो उँगलियाँ सड़ने लगी थीं। चेहरा फूलने लगा था। पैरों से पीव और खून बहने लगा। लोगों में जाना मुश्किल हो गया। लोगों ने भीख देना भी बन्द कर दिया। मुझे देखते ही दूर हट जाते। बाएँ पैर की ऐड़ी पूरी तरह से सड़ गयी। लँगड़ाते हुए चलने लगा। इस बार मेले में गया, लेकिन किसी ने मुझे मन्दिर में जाने नहीं दिया। मैं दूर से ही पाँव पड़ा। कंडक्टर ने भी बस से नीचे उतार दिया। होटल में चाय-पानी मिलना मुश्किल हो गया। जान देने की बात मन में आती। बेइज्जती महसूस होती थी।

आज मंगलवार। देवी का दिन। चार घरों में जाकर माँगना चाहिए। देता तो कोई नहीं। रात से बदन भी ठनक रहा है, ताव भी चढ़ा हुआ है। पैरों में पीड़ा है। नाक की नोक फूल गयी है। मैं भीतर-बाहर से सड़ा जा रहा था। माँ भी मेरे लिए पानी-वानी अब अलग से, दूर रखने लगी। मैं अगर आँगन में बैठ गया और थूक दिया तो पड़ोस की सारजा बाई झगड़ा करने आती। 'हमारे बाल-बच्चे यहाँ खेलते हैं, तू यहाँ मत बैठ।' कहती हुई गुस्से में आ जाती। मेरे शरीर से रोएँ उड़ते हैं। मैं अपनी बीमारी दूसरों को देने के लिए जानबूझकर थूकता हूँ, ऐसा सोचकर सारे पड़ोसी काँव-काँव करने लगे। इसे महारबाड़े से बाहर निकाल दो। यलल्या के साथ इसे भी अलग झोंपड़ी बना दो। भीमशा ने इसी बात पर चार लोगों की भीड़ जमा कर दी। देर रात तक झगड़ा चलता रहा।

मेरी माँ कह देती, 'देवी की बीमारी है। हमारे हाथों कुछ ग़लत हो गया होगा। हमने मन्नत मनाई है। मेरा बेटा पोतराज है। माँ लछमी देवी सब ठीक कर देगी। मेरे बेटे को ठीक करेगी। उसने क्या आँखें मूँद रखी हैं! जो कोई मेरे बेटे को तकलीफ देगा, देवी लछमी उसको देख लेगी। उसका सत्यानाश हो जायेगा। खाना खराब हो जायेगा।' माँ की बातें सुनकर भीमशा आपे से बाहर हो गया। वह उसे पीटने दौड़ा। 'ये यलल्या का बीज है, हमें पाठ मत पढ़ाना।'

माँ कहा करती थी कि बाप के मर जाने के चार साल बाद मैं पैदा हुआ था। देवी की मन्नत से। बाप के वक़्त ही पेट से थी, लेकिन दब गया था पेट। देवी की किरपा से फिर बढ़ गया। और मैं पैदा हो गया। माँ घूरे से, हगनहटी में कुछ न कुछ चुनती-बीनती रहती थी। एक बार यलल्या ने उसे पकड़कर खींच लिया था और माँ ने उसकी बड़ी बीमारी को घूरे की तरह अपने पेट में पाल लिया था।

बदन कसमसा रहा था, इसलिए मैं घर में ही लेटा हुआ था। आज मंगलवार था। पर माँगने नहीं गया था। जी चंगा तो बिदेस भी चंगा। मुझे अच्छा नहीं लग रहा है तो कैसी भीख और कैसा माँगना। आँखों में जलन थी। माँ बिना खाना खाये

खेत की ओर गयी थी। टोकरी में बासी रोटियों का ढेर था। चूहे रोटी के टुकड़े कुतर रहे थे। लग रहा था जैसे मेरे ही बदन को कुतर रहे हैं। मैंने चूहों को भगा दिया। थोड़ी देर बाद दरवाजे पर पोतराज आ गया। उसने धूपारति कह दी। हलगी बजाने लगा। पल-भर के लिए लगा कि बदन पर 'आभरान' है। मैंने टोकरी से रोटी के टुकड़े उठा लिये और भीख देने के लिए आगे बढ़ गया। मुझे देखकर भीख लिये बिना ही पोतराज चला गया। मेरे बदन पर छाया पोतराज उखड़कर गिर पड़ा। मैंने खूटी पर टंगी हलगी उतार ली और उस पर पाँव मार दिया। हलगी टूट गयी। टन से आवाज़ हुई। मुझे अपने सिर के बालों का झूंटा भारी लगने लगा।

धूप चढ़ रही थी। बदन में ताव चढ़ रहा था। माँ काम से लौट आयी। पड़ोसन सूरजा ने फिर माँ से झगड़ा शुरू किया। मुझे बस्ती से निकाल देने की बात उन लोगों ने ठान ली थी। मैंने समझदारी से काम लिया। गुदड़ी कंधे पर उठाकर घर के बाहर आ गया। माँ ने भी प्रतिरोध नहीं किया। मैं सीधे झोंपड़े में चला गया। यलल्या सोया हुआ था। उसके झोंटे को पकड़कर उसे जगा दिया। यलल्या की आँखों में पानी भरा हुआ था।

"यलल्या, तेरा-मेरा क्या रिश्ता है?"

"तू मेरा बेटा है रे।"

यलल्या के मुँह से बदबू आ रही थी। उसका विद्रूप चेहरा जैसे धावा बोल रहा था। नाक की जगह पर खाली सूराख था। हाथ की दसों उंगलियाँ झड़ चुकी थीं। यलल्या कराह रहा था। उसके दोनों पैर भी सड़ चुके थे। उसने कपड़े से पाँवों को बाँध दिया था। चेहरे पर सूजन बढ़ गयी थी। दाँतों पर हरा किट्ट चढ़ा हुआ था। यलल्या का कोढ़ मेरे बदन पर बाप जैसा लग रहा था। मैंने यलल्या का गला दबा दिया। यलल्या छटपटाने लगा। यलल्या की सड़ी हुई आँखें ऊपर-नीचे हो रही थी। मैं अपने ठूँठ हाथ से गला दबाता रहा। मेरी तीन उँगलियाँ झड़ चुकी थीं। यलल्या की जबान कुत्ते की जबान की तरह बाहर निकल रही थी।

यलल्या की लाश मेरे हाथ से छूटकर जमीन पर गिर गयी।

दूसरे दिन यलल्या को मिट्टी दी गयी।

अब यलल्या की झोंपड़ी में मैं रहने लगा।

माँ हर रोज जैसा भी बन पड़ता था, दो-बार टिक्कड़ ला देती थी। आसपास घूरे थे। कचरे के ढेर। इधर-उधर सूअर घूमते रहते। हगनहटी में आने वाली स्त्रियाँ और मेरी झोंपड़ी। झोंपड़ी में मैं। मेरी टूटी हुई हलगी।

'आभरान', और मेरी बड़ी बीमारी। दो दिन से माँ नहीं आयी थी। मुझे भूख लगी थी। मैं झोंपड़ी के बाहर चला आया। लँगड़ाता हुआ घर की ओर चल पड़ा। भीमशा घर में नहीं था। सारजामाय मुझे देखकर दूर हट गयी। मेरी नाक की नोक पूरी तरह से सड़ गयी थी। मैं घर के अंदर आ गया। माँ सोयी हुई थी। घर में जाते

हुए डर लग रहा था। घर किसी दूसरे का लग रहा था।

मैं डरते-डरते आगे बढ़ गया। माँ का मुँह खुला हुआ था। आँखें खुली पड़ी थीं। उसे चीटियाँ लग गयी थी। मेरी माँ मर गयी थी। मैं माँ के सिरहाने बैठ गया। उसके चेहरे की ओर मैंने देखा। उसके गाल पर चकत्ता था।

शायद यलल्या ने उसे वहाँ काट दिया होगा।

गोहत्या

महादबा ने अपनी गाय याकूब कसाई को बेच डाली। बहुत दिनों से बेचने की बात सोच रहा था। दूध नहीं देती थी और बाँझ थी। ऐसे जानवर को घर में रखने से क्या लाभ? बेच डालेंगे तो कुछ रुपये तो मिल जायेंगे। यही सोचकर महादबा ने गाय को बेच डाला। याकूब कसाई ने रकम दे दी और गाय की रस्सी हाथ में ले ली। याकूब खुश था कि बुधवार बाज़ार के लिए जानवर मिल गया। जिंदा गाय को बेचने पर पाँच सौ रुपये मिलेंगे, लेकिन उसी को काट कर बेचेंगे तो सौ-डेढ़ सौ ज्यादा मिल जाने की उम्मीद थी। इधर खाने वालों की तादाद भी काफी बढ़ गयी थी। आजकल कहावत बन गयी है न, कि महार की वजह से किताब महँगी हो गयी और बम्मन की वजह से मटन महँगा हो गया। जो जाति किताब नहीं पढ़ती थी, वह किताब पढ़ने लगी है और जो मांस नहीं खाती थी, वह मांस खाने लगी है।

याकूब गोठ से गाय को खींच कर बाहर ले आया। गाय रम्भाई। गोठ के दूसरे जानवर जाने वाली गाय की ओर चुपचाप देख रहे थे। गाय के बिना गोठ सूना-सूना लग रहा था। महादबा की आँखों में पानी भर आया। धनिया ने गाय को आखिरी बार रोटी खिला दी। घर के बच्चे गाय के पैर पड़े। याकूब ने गाय को खींच लिया। महादबा ने उसे बाहर निकाल दिया। गाय घर की देहली के बाहर आ गयी।

याकूब गाय को ले जा रहा था। गाय के पीछे याकूब का बेटा हुसैन चल रहा था। वह गाय को हाँक रहा था। याकूब खुश था। उसने गाय के बदन को कई बार देखा-परखा था। सौदा महँगा नहीं था। अच्छी कीमत वसूल होगी। सौ-डेढ़ सौ मिल गये तो भी चलेगा। मोहरम के लिए बच्चों के वास्ते कपड़ा ले सकेंगे। सोचते हुए याकूब गाय को खींच रहा था। गाय चुपचाप याकूब के पीछे चली जा रही थी।

याकूब गाय को लेकर खुशी-खुशी जा रहा था। रास्ते में गणा महार मिल गया। उसने गाय की ओर देखा। याकूब को टोक दिया, "अच्छा जानवर मिल गया। कितने रुपयों पर सौदा हुआ?" याकूब ने हँसते हुए उसकी पूछताछ का जवाब दिया। जाते-जाते गणा ने कहा, "मेरे लिए गाय की जबान रख देना। दूसरे किसी को मत बेचना।" याकूब को खुशी हुई कि जीभ का खरीदार मिल गया।

याकूब को शेखर ने रोक दिया। शेखर के साथी भी सहायता के लिए आ गये। उन्होंने याकूब को पकड़ लिया। गाय को अपने कब्जे में ले लिया। गोमाता को एक मुस्लिम के हाथ में देखकर उनकी भावनाएँ भड़क उठी थीं। उन्होंने याकूब को धमकी दी। याकूब ने विरोध किया। बहस छिड़ गयी। शेखर का गुस्सा बेकाबू हो गया। उसने याकूब का गंला पकड़ लिया। सड़क पर ही संघर्ष छिड़ गया। मुस्लिम मुहल्ले से लोग आ गये। हिन्दू भी इकठ्ठा हो गये। मारपीट शुरू हो गयी। एक दो घायल हो गये। खून बहने लगा। माहौल बिगड़ गया। मूक गाय भी रँभाने लगी।

शेखर गाय को लेकर लौट आया। उसे गोठ में बाँध दिया। अपने पिता को उसने फटकारा। पिता की गाय को बेच डालने की बात उसे बिल्कुल अच्छी नहीं लगी थी। वह गुस्से से तमतमाते हुए बोला, "बापू, गोमाता को बेचकर आपने पाप किया है। अजी, गोमाता बाँझ है तो क्या हुआ? बाँझ माँ को आप बेच डालते? आपने माँ को बेच देने का अपराध किया है।" महादबा झुँझला गया। सब हिन्दू मिलकर उसके कान उमेठ रहे थे। शेखर जैसे पक्के हिन्दुत्ववादी कार्यकर्त्ता के घर ऐसी बात हो, इसे बाकी के कार्यकर्त्ता कैसे पसंद कर सकते थे? कार्यकर्त्ता नाराज थे। शेखर का अध्यक्ष पद खतरे में पड़ गया था, इसलिए उसने पिता को फटकारा था।

"गाय तो माता है। हिन्दू संस्कृति में गाय को पवित्र माना जाता है। गाय के शरीर में तैंतीस करोड़ देवता निवास करते हैं। गाय बड़ा उपयुक्त जानवर है। गाय तो किसानों के लिए कामधेनु है। गाय दूध देती है। गाय बछड़े देती है। गाय पवित्र होती है। गाय की हत्या को रोकना होगा।" शेखर आवेश में भाषण दिये जा रहा था। गाँव में गोवध बन्दी के प्रचार के लिए सभा का आयोजन किया गया।

"आपके लिए गोमाता पवित्र होगी। लेकिन हमें तो गोमांस अच्छा लगता है। गाय हमारा अन्न है। हमारे खाने पर यह कैसी पाबंदी?" मुस्लिम और महारों के मुहल्लों में ऐसी बातें होती रहतीं। लेकिन गाँव के विरोध में जाकर कोई बोल नहीं पाता था। "तुम चोरी-चोरी गाय को काटते रहो, हम चोरी-चोरी मटन खाते रहेंगे।" इस तरह की बातें भी होती थीं। हिन्दुओं की माँग सामने आ गयी कि कसाईखाने को बंद करना चाहिए। गाँव में पुलिस आ गयी। आज़ादी के पैंतालीस बरस बाद पहली बार गाँव वालों ने अपने गाँव में पुलिस को घूमते देखा था। गाय की वजह से राज्य-भर में गाँव की चर्चा थी। गाय की वजह से शेखर का नाम भी लोगों की जबान पर था। अपने पिता के खिलाफ उसकी कारवाई को देखकर उसे जिले की कार्यकारिणी में शामिल कर लिया गया था। महादबा को अपनी गलती का एहसास हो गया था। गाय माता है, इस बात को वह मान गया था।

गाँव का कारोबार ढंग से चलने लगा। पुलिस भी चली गयी। याकूब दूसरे गाँव से रात में जानवर ले आता। रात में ही काट डालता। गाँव वाले भी धीरे-धीरे सब कुछ भूलते गये। गोमांस खाने वाले खाते रहे। रोज गाय का रस्सा खोलकर उसे लाया

जाता। तेज छुरे के फाल के नीचे उसके रँभाने की आवाज़ शांत कर दी जाती। शेखर को नये उत्तरदायित्व मिल गये थे। वह उम्मीदों से भरकर काम करने लगा। गाँव में समझौते का माहोल बन गया।

गाँव भोर में ही घंटानाद से जग जाता था। मन्दिर की घण्टियों का नाद गाँव-भर में फैल जाता। लोग जाग जाते। मन्दिर की राह चलने लगते। तड़के ही पलीते से आरती उतारी जाती। भोर की पूजा के लिए सब एक साथ आ जाते। हर सुबह प्रार्थना से पुनीत हो जाती और गाँव के परे कसाईखानों में गाय के रँभाने से डर जाती। मन्दिर का घण्टानाद सुनकर याकूब भी जाग पड़ता। गाँव मन्दिर में इकठ्ठा हो जाता था। याकूब गाय के चारों पैरों को बाँध देता। गाय को नीचे गिरा देता। गाय छटपटाती। याकूब का घर मदद के लिए आ जाता। हुसैन याकूब के हाथ में छुरा थमा देता। याकूब की बीवी मालन लोटा भर पानी ला देती। याकूब गाय को आखिरी बार पानी पिला देता। गाय रँभाती। गाय की आँखों में याचना उभर आती। याचना में खोया स्वर कण्ठ में आ जाता। याकूब छुरे का मुआयना कर लेता। उसे गाय के गले पर रख देता। बदन की पूरी ताक़त का जोर लगाकर छुरे चलाता। खून के फव्वारे छूट जाते। गाय छटपटा जाती। धीरे-धीरे उसका बदन ठण्डा पड़ जाता। भोर की आरती के बाद सब लोग प्रसाद ग्रहण कर लेते। अपने-अपने घर चले जाते। गाय ईश्वर के घर पहुँच जाती। याकूब गाय को छील देता। चमड़ी को काटकर अलग कर देता। धीरे-धीरे सूरज उग जाता। सूरज की किरणें गाय के खून में तरबतर हो जातीं। एक के बाद एक खरीददार आ जाते। गोठ की गाय चूल्हे पर पकने लग जाती। फिर भोर की आरती। फिर गाय का रँभाना।

'गोहत्या प्रतिबन्धक कानून होना ही चाहिए।' इस माँग के लिए शेखर ने आमरण अनशन करने की घोषणा की। फिर माहौल ने नया मोड़ ले लिया। बहस और चर्चाओं की बाढ़ आ गयी। समाचारपत्रों के कालम रँगे जांने लगे। गोहत्या के पक्ष और विपक्ष में मत प्रदर्शित होने लगे। 'हमारा राष्ट्र धर्मनिरपेक्ष है। धर्मनिरपेक्ष राष्ट्र में ऐसा कानून पारित नहीं हो सकता।' इस तरह की भी बातें सुनाई देती थीं। आन्दोलन ने उग्र रूप धारण किया। शेखर अनशन की तैयारी करने लगा।

शेखर के घर की बाँझ गाय आखिर मर गयी। उसे बहुत बुरा लगा। वह आज ही अनशन के लिए जाने वाला था। महादबा ने गणा महार को बुलावा भेजा। गणा महार चार जनों को ले आया। चारों ने मिलकर गाय को बाँध दिया। उठा लिया। गाय को महारों को सौंप दिया गया। "माँ मर गयी होती तो क्या महारों को खींच ले जाने को बुलाते?" शेखर गाड़ी को पकड़ने की जल्दी में जिला मुख्यालय की ओर चला गया। गणा महार गाय को गाँव के बाहर ले आया। खेत में रख दिया। गणा ने गाय के गले पर छुरा रख दिया। गाय को छील दिया। उसकी चमड़ी अपने कब्जे में ले ली। फिर लोग आ गये। उन्हें गाय का मांस मिल गया। उनके बाद कुत्ते आ गये।

उन्होंने गाय की हड्डियाँ तोड़ दीं। फिर गीध आ गये। उन्होंने गाय के अस्थि-पंजर पर धावा बोल दिया। फिर याकूब आ गया। उसने गाय की हड्डियों को उठा लिया और उन्हें बेच डाला। सचमुच, गाय कितना उपयोगी जानवर है। शेखर ने अनशन तोड़ दिया। अब उसे संसद का टिकट मिल जायेगा।

हर रोज भोर होती है। पुजारी के हाथ तीर्थ जल से भीग जाते हैं और याकूब के हाथ गाय के खून से पाक हो जाते हैं।

जुलूस

देवगढ़ जिला नगर के पास का एक गाँव। देवगढ़ के लड़के पढ़ने के लिए नगर जाते हैं। सिटी बस गाँव तक आ जाती है। गाँव के लोग हाट-बाजार के लिए नगर जाया करते हैं। देवगढ़ के बहुत से लड़के नगर में पढ़ने गये, लेकिन महाविद्यालय में बहुत कम जा सके। जो पाँच-दस लड़के महाविद्यालय गये, वे गाँव के लड़के थे, लेकिन भीमनगर के लड़कों को अपनी परिस्थिति के कारण स्कूल को बीच में ही छोड़ देना पड़ता था।

स्कूल की पढ़ाई पूरी करवाना दलितों की हैसियत के बाहर की बात थी। इसलिए उनके बच्चों का स्कूल बीच ही में छूट जाता था। अधूरी पढ़ाई का कुछ भी लाभ नहीं था। बेहतर यही था कि गाँव वालों के काम करें और घर-गिरस्ती चलाने में हाथ बँटायें। बच्चे बचपन से ही काम सीख जाते थे, इसलिए उन्हें स्कूल में भर्ती कराने की अपेक्षा गाँव वालों के कामों में लगा देना लाभदायक था। तो दलितों के बच्चे स्कूल जाने के ऐवज में जानवरों को चराने ले जाते थे।

दिवाकर ने बड़ी मुफ्लिसी में अपनी पढ़ाई पूरी की। वह एस.एस.सी पास हो गया। भीमनगर से कॉलेज जाने वाला वह पहला लड़का था। दिवाकर की माँ काशी का दिल भर आया। पति के निधन के बाद उसने दिवाकर को हिम्मत से पाला-पोसा ही नहीं, पढ़ाया भी था।

दिवाकर एस.एस.सी पास होने के बाद अब महाविद्यालय जाने वाला था, इसलिए भीमनगर के लोगों ने उसके सत्कार का आयोजन किया। जोतिबा ने आगे बढ़कर चंदा इकठ्ठा किया। हर घर से रकम प्राप्त हो गयी। आसपास के देहात के लोगों ने भी चंदा दिया। जोतिबा इसलिए धन इकठ्ठा कर रहा था कि दिवाकर की पढ़ाई में कोई रुकावट न पैदा हो। दलितों में इस बात की अपूर्वता की भावना थी। दिवाकर की पढ़ाई के लिए कइयों से सहायता मिल रही थी। काशी के तो धरती पर पाँव तक नहीं पड़ रहे थे। उसे मानो सबकुछ मिल गया था। दिवाकर के बाद और भी लड़के पढ़ने के लिए आने लगे। हर एक झोंपड़ी में दिवाकर की तरह पढ़कर बड़ा हो जाने का सपना खिलने लगा।

देवगढ़ क्योंकि नगर का निकटवर्ती गाँव था, इसलिए वहाँ बिजली, सड़कें, स्कूल, दवाखाना, डाकखाना जैसी सुविधाएँ थीं। गाँव का पुराना रूप तेजी से बदल रहा था। शिक्षा का प्रसार तो हो गया, लेकिन गाँव और भीमनगर के बीच जो सनातन दूरी थी, वह मिट नहीं सकी। दुनिया तेजी से निकट आ गयी। हर देहात शहर से जुड़ गया लेकिन गाँव और दलितों की बस्ती के बीच जो जातिभेद की दरार थी, वह नष्ट नहीं हो पायी। देवगढ़ हर साल पानी की कमी का अनुभव करता था। गर्मी के दिनों में तो बहुत ही तकलीफ हुआ करती थी। गाँव में दो कुएँ थे। एक कुएँ पर सवर्ण पानी भरते थे तो दूसरे पर अछूत पानी भरते। हर साल पीने के पानी को लेकर झगड़े हुआ करते। गाँव के शोहदे अछूतों के कुएँ में विष्ठा डाल देते। पीने के पानी को गंदा कर देते। इस बार अछूतों के कुएँ में मरा हुआ कुत्ता पाया गया।

भीमनगर में बेचैनी फैल गयी। वहाँ के लोग इस यातना से तंग आ चुके थे। गाँव के खिलाफ शिकायत किसके पास करें? गाँव को छोड़कर और कहाँ जा बसें?

दिवाकर ने खबर सुनी कि गाँववालों ने दलितों के कुएँ में मरा हुआ कुत्ता डाल दिया है। शिक्षा के कारण दिवाकर के मन में नये पत्ते उग आये थे। वह अपने गाँव की करतूत पर शर्मिंदा हो गया। उसने होस्टल के सभी लड़कों को यह बात बता दी। दलित छात्रों में असन्तोष का भाव भड़क उठा। हर कोई बदले की भाषा बोलने लगा। सब एक साथ आ गये। किराये की साइकिलें लेकर देवगढ़ जा पहुँचे।

सौ-डेढ़ सौ साइकिलसवार गाँव भर में निषेध के नारे लगाते हुए चल पड़े। गाँव की चौपाल पर एक छोटी सी सभा हो गयी। गाँव वालों की दहशत के खिलाफ रोष प्रकट किया गया। देवगढ़ परेशान हो गया। दलित छात्रों को कोई रोक नहीं पाया। छात्रों ने गाँव के मन्दिर में प्रवेश किया। सवर्णों के कुएँ पर जाकर पानी पी लिया। गाँव में आतंक सा फैल गया। इस पूरे कार्यक्रम का अगुआ दिवाकर था।

भीमनगर के दलितों ने संतोष का अनुभव किया। हमारी ताक़त कुछ कम नहीं है। हम पर यदि जुल्म होता है, अन्याय होता है, तो दुनिया-भर से लोग चले आयेंगे। अब पहले जैसा जमाना नहीं रहा। गाँव वालों से डरने की कोई बात नहीं है। इस तरह की बातें होने लगीं। जोतिबा भीमनगर के लोगों को समझाता-पढ़ाता। बस्ती में हलचल होने लगी। दलितों के मन में चिनगारियाँ सुलगने लगी थीं। एक नया माहौल धीरे-धीरे पैदा होने लगा था।

दलितों को संगठित होना चाहिए। संगठित होकर ही अन्याय का मुकाबला किया जा सकता है। संघर्ष के बिना स्वाभिमान पैदा नहीं हो सकता, इसलिए दिवाकर ने भीमनगर के दलितों को संगठित करने का निश्चय किया। जोतिबा ने गाँव में पहले से ही आम्बेडकर जयन्ती का आरम्भ कर दिया था। लेकिन जुलूस नहीं निकलता था। दिवाकर ने अपने निश्चय की घोषणा की कि इस वर्ष जुलूस निकलेगा। सब लोग काम पर जुट गये।

चंदा इकठ्ठा हो गया। जोर शोर से तैयारी होने लगी। बड़ा मण्डप खड़ा कर दिया गया। जानी मानी गायक मंडलियों को न्यौते दिये गये। नगर से जाकर बाबासाहब आम्बेडकर की भव्य प्रतिमा ले आये। विद्युत-रोशनाई से भीमनगर में उजाला हो गया। सब स्वतः स्फूर्त रूप से सहभागी बने। जयंती कार्यक्रम में चार चाँद लग गये। आसपास के देहातों से भी दलित जनता आ गयी। कोई काम पर नहीं गया। भीमनगर पूरी तरह से सज-धज गया था।

गाँव में शिवाजयंती का उत्सव मनाया जा रहा था। कभी गणेश उत्सव और मोहर्रम साथ-साथ आते, तो कभी आम्बेडकर जयन्ती और शिवाजयंती साथ साथ आती। इससे गाँव की शान्ति भंग हो जाया करती। गाँव के शोहदे कभी मुसलमानों के तो कभी दलितों के खिलाफ अवसर देखकर हमले करते। इस बार शिवाजयंती और आम्बेडकर जयन्ती एक साथ आने से अनबन हो गयी थी।

गाँव वालों में ईर्ष्या का भाव था कि आम्बेडकर जयन्ती से बढ़-चढ़कर शिवाजयंती का समारोह होना चाहिए। गाँव के बड़े चौराहे पर बहुत बड़ा मण्डप बनाया गया था। शिवाजी महाराज की बड़ी लुभावनी प्रतिमा स्थापित की गयी थी। बेहतरीन आराईश की गयी थी। रात-दिन रिकार्ड बज रहे थे। गाँव में भी जगह-जगह विद्युत-रोशनाई की गयी थी। शाम को बाबासाहब आम्बेडकर की प्रतिमा का बाजे-गाजे के साथ जुलूस निकाला। जुलूस के आगे लेज़म की टोली थी। उनके पीछे नारे लगाने वाली युवामण्डली थी। दिवाकर नीले गुलाल से रंग गया था। सबके तन पर नील उछाली जा रही थी। जोतिबा का पूरा चेहरा नील से सराबोर था। आते-जाते हर कोई दिवाकर को नील लगा जाता था। नील के रंग में नहाये दिवाकर को देखकर काशी फूली न समाती थी।

हर चौराहे पर जुलूस रुक जाता था। तब कसरत के करतब दिखाये जाते। लज़म का नाच होता और फिर नारे लगाते हुए जुलूस आगे बढ़ जाता। जुलूस में सबके पीछे सजी हुई बैलगाड़ी थी। बैलगाड़ी में बाबासाहब की प्रतिमा रखी हुई थी। बैलगाड़ी के पीछे दलित स्त्रियाँ और बच्चे भीमगीत गाते हुए चल रहे थे। हर रोज जो दलित इस गाँव में लाचारी से चलते थे, वे ही आज इन सड़कों पर नारे लगाते, नाचते-गाते जा रहे थे। आम्बेडकर जयन्ती का जुलूस शहर के मुख्य चौराहे पर पहुँच गया। चौराहे पर गाँव के नौजवान जान-बूझकर लेज़म खेल रहे थे। गजढोल जोर-जोर से बज रहा था। तभी खेल रुक गया। जुलूस को आगे बढ़ने के लिए रास्ता नहीं था। इसलिए उसमें ठहराव था। गाँव के नौजवान खेल को बीच ही में रोक कर जुलूस को आगे बढ़ने की राह देने को राजी नहीं थे। दरअसल वे आम्बेडकर जयन्ती के जुलूस को रोकना ही चाहते थे। दिवाकर और जोतिबा ने प्रार्थना की, "जुलूस को रास्ता दीजिए। जुलूस के आगे बढ़ जाने के बाद लेज़म का खेल फिर से जारी रखियेगा।" लेकिन शिवाजयंती के अध्यक्ष ने दिवाकर और जोतिबा की प्रार्थना को

ठुकरा दिया, "जुलूस को पीछे ले जाओ। हमारा खेल नहीं रुक सकता।" गाँव वालों का यही दुराग्रह था। "जब तक आपका खेल खत्म नहीं होता, जुलूस यहीं रुका रहेगा। उसके बाद हम जुलूस को आगे ले जायेंगे।" लेकिन गाँव वाले इसके लिए भी तैयार नहीं थे। धीरे-धीरे लोग दिवाकर और जोतिबा के पास एकत्र होने लगे। सब भगवा रंग के गुलाल से रँगे हुए थे। दिवाकर ने दलितों को सड़क पर बैठ जाने के लिए कहा। गाँव वालों ने ज़िद पकड़ ली कि जुलूस की विसर्जित करो और लौट जाओ। दिवाकर और जोतिबा ने इनकार कर दिया। सहसा 'जय भवानी, जय शिवाजी' के नारे गूँज उठे और जुलूस पर हमला बोल दिया गया। लोग तितर-बितर होकर भागने लगे। काशी पर भी भारी मार पड़ी। दिवाकर और जोतिबा घायल हो गये। बाबासाहब की प्रतिमा टूट-फूट गयी।

काशी जब होश में आ गयी तो उसे अपने चारों ओर भगवे गुलाल में सने विकराल चेहरे दिखाई देने लगे। वह डर से काँपने लगी। दिवाकर ने माँ को होश में लाने की कोशिश की। पुलिस ने गाँव वालों को गिरफ्तार किया। अखबारों में खबर छप गयी। राज्य में देवगढ़ और दिवाकर का नाम हो गया।

अब दिवाकर पर नत्तृत्व का नशा छाने लगा। वह हरदम नेता बन जाने का सपना देखने लगा। विधानसभा के चुनाव सामने ही थे। हर पार्टी मोर्चे बाँधने लगी थी। दिवाकर ने भी चुनाव के लिए अर्जी दे दी। निर्वाचन क्षेत्र आरक्षित था। दिवाकर ने रिपब्लिकन पार्टी की तरफ से अपनी उम्मीदवारी घोषित की। रिपब्लिकन पार्टी दलितों की पार्टी। बाबासाहब आम्बेडकर के विचारों और आन्दोलनों की विरासत को लेकर आगे बढ़नेवाली पार्टी। सभी प्रतिद्वन्द्वियों में दिवाकर सभी दृष्टियों से बेहतर उम्मीदवार था। कार्यकर्त्ता के रूप में माना जाता था। पिछले एक दशक से सामाजिक आन्दोलनों में जान की बाजी लगाकर काम कर रहा था। उसके नाम के साथ प्रतिष्ठा और प्रसिद्धि का वलय था, लेकिन अपनी जाति के कारण इस वलय को ग्रहण लग चुका था।

सत्ताधारी पार्टी ने दाजिबा को उम्मीदवार बनाया था। वह सवर्ण नेताओं की जी-हुजूरी करता था। संघर्ष दिवाकर और उस दाजिबा में था।

महार उग्र जाति मानी जाती है। आक्रामक और अशिष्ट। बाबा साहब आम्बेडकर के विचारों से जाग्रत महारों ने शिक्षा प्राप्त की। संगठन बनाये। संघर्ष किया। परिणाम स्वरूप महार जाति अन्य अछूत जातियों की अपेक्षा सभी क्षेत्रों में अग्रसर हो गयी। इसके लाभ भी इस जाति को मिल गये। महारों की तुलना में अन्य अछूत जातियाँ अब भी पिछड़ी हुई जातियाँ हैं।

महारों की बगावत के कारण सवर्ण समाज व्यथित है। वह महारों से द्वेष रखता है। महारों को सवर्णों के मत नहीं मिलते इसलिए सत्ताधारी पक्ष महारों को अपनी उम्मीदवारी नहीं देते। सवर्ण सत्ताधारी दल आरक्षित स्थान के लिए गैर-महार अछूतों

से अपना उम्मीदवार चुनते हैं। उसे महार की प्रतिद्वन्द्विता में खड़ा करते हैं। इससे महार उम्मीदवार चाहे कितना भी योग्य हो, वह चुनाव हार जाता है। बाबासाहब आम्बेडकर भी इसी तरह हार गये थे। तो फिर दिवाकर की क्या औकात? चुनाव के परिणाम घोषित हो गये। दाजिबा बहुत अधिक मतों से जीत गये। दिवाकर की जमानत भी जब्त हो गयी। दाजिबा की जीत का जुलूस निकला। उस दिन दिवाकर के घर पर पथराव हो गया। निर्वाचन क्षेत्र के कुछ गाँवों में गाँव वालों ने महार बाड़े पर हमला बोल दिया। लड़ाकू महार जाति को इस तरह अलग-थलग कर रौंदा जा रहा था। महारों के विरोध में अन्य पिछड़ी हुई जातियाँ सवर्णों के साथ जा रही थीं। जीवन के हर एक क्षेत्र में महार उम्मीदवार को अलगाया जा रहा था। दाजिबा की जीत का जुलूस अंत में एक बड़ी सभा में बदल गया। नेतागण मतदाताओं के प्रति आभार प्रदर्शित कर रहे थे। उन्हें आश्वासन दे रहे थे। कार्यकर्त्ता सत्ता के सपने देख रहे थे। जनता तालियाँ बजा रही थी। अपनी जाति का उम्मीदवार चुना गया, इसलिए उसकी जातिवालों की भीड़। भीड़ से दूर खड़ी गरीब औरतें। उनकी समझ में कुछ भी नहीं आ रहा था। अवाक् होकर वे भीड़ को देख रही थीं।

सहसा आग भड़क उठी। शार्ट सर्किट के कारण समूचा मण्डप आग ने निगल लिया। लोगों में भगदड़ मच गयी। चारों ओर शोर-शराबा। हर कोई अपनी जान बचाने के लिए भागने लगा। अचानक भड़क उठी आग के कारण जहाँ से भी जिसे राह मिली, वहीं से भागने लगे। मौत के डर से बेतहाशा अफरा-तफरी के चलते भारी हुल्लड़ मच गई। रौंदे-कुचले जाने के कारण गरीब लोग मारे गए। कई एक घायल हो गये। चारों ओर शोक फैल गया। दाजीबा की इस हादसे में मौत हुआ थी।

दिवाकर अन्तर्मुख होकर अपनी हार के बारे में सोचने लगा। एक जाति के आधार पर इस देश की राजनीति नहीं की जा सकती। यह देश अनेक जातियों में विभाजित है। चुनावी जीत के लिए एक जाति को दूसरी जाति पर निर्भर रहना पड़ता है। इसलिए व्यापक सामाजिक एकता का कोई दूसरा विकल्प नहीं है। सवर्णों के मत दलितों को नहीं मिलते। सारा बहुजन समाज एक हो जाये तो इस देश की जातिप्रथा के विरोध में संघर्ष किया जा सकता है। महात्मा बुद्ध, कबीर, फुले, आम्बेडकर सबने कोशिश की, लेकिन यह समाज जैसा था वैसा ही अब भी है। मैं किस खेत की मूली हूँ? दिवाकर भीतर-ही-भीतर ज़मीनदोज़ हुआ जा रहा था। निराशा ने उसे घेर लिया था।

उपचुनाव की घोषणा हो चुकी थी। दिवाकर ने समझौता किया। सत्ताधारी पार्टी से टिकट की माँग की। दिवाकर सत्ताधारी पार्टी का उम्मीदवार बन गया। उसने इस रूप में चुनाव की अर्जी दे दी। राजनीतिक अवसर के लिए दिवाकर ने अपनी भूमिका बदल दी। अब वह अपनी इस भूमिका की पुष्टि करने लगा। समझाने लगा कि किस तरह उसकी भूमिका यथार्थ और व्यापक है, कैसे दलित आन्दोलन को उससे नयी

दिशा मिल जायेगी। दलित कार्यकर्त्ता दिवाकर के विरोध में चले गये। पूरे समाज में यह दुखद प्रतिक्रिया फैल गयी कि दिवाकर अपने निजी स्वार्थ के लिए सत्ताधारियों के हाथों बिक गया। दिवाकर की उम्मीदवारी को लेकर सत्ताधारियों की पार्टी में भी तूफान खड़ा हो गया।

सत्ताधारी पार्टी के दलित दिवाकर के विरोध में थे। हम पार्टी में कई बरसों से काम कर रहे हैं। हमें टिकट न देकर पार्टी में निष्ठा न रखनेवाले ऐरे-गैरे को टिकट देना उचित नहीं। विद्रोहियों का यही कहना था। चुनाव हो गया। दिवाकर बहुत भारी बहुमत से जीत गया। दिवाकर की जीत का जुलूस निकला। भीमनगर दिवाकर के स्वागत के लिए तैयार था।

काशी की खुशी की कोई सीमा नहीं थी। दिवाकर की कार आ गयी। उसके पीछे कारों का काफिला, नारे, पटाखे, आतिशबाजी, मंगल वाद्यों की गगनभेदी आवाज़ें। दिवाकर घर न जाकर पहले गाँव की ग्रामदेवी के दर्शन करने गया। लोग खुश थे कि उनका उम्मीदवार जीत गया। जुलूस का पहले जिन्होंने विरोध किया था, वही अब दिवाकर की जय-जयकार कर रहे थे। दिवाकर का पूरा शरीर भगवा रंग में रँग गया था।

जुलूस धीरे-धीरे भीमनगर की ओर जाने लगा। दिवाकर अपनी माँ से मिलने के लिए बेताब हो उठा था। समूचा भीमनगर जुलूस की ओर आँखें लगाये प्रतीक्षा कर रहा था। काशी और जोतिबा सबके सामने थे। नारे सुनाई दे रहे थे। पटाखों, बाजों की आवाज़ें सुनाई पड़ रही थीं। भीमनगर खुशी के मारे पागल हो गया था। बेताब भीड़ का रेला भीमनगर की दिशा में सरक रहा था। एक भगवा चक्रवात सनसनाता हुआ आ रहा था और उसके स्वागत के लिए टूटा-फूटा भीमनगर छोटे बच्चे की तरह खड़ा था। बेहिसाब शोर, विकराल भगवी भीड़, दनदनाते हुए आ रहे लोग, कान के पर्दे फाड़ देने वाली वहशी आवाज़ें। भीमनगर काँप उठा। दलित जन डर के मारे बेहाल हो गये। उनके पाँव-तले से ज़मीन खिसक गयी। नाचती हुई आ रही भगवे रंग की भीड़ देखकर काशी को आम्बेडकर जयंती के जुलूस पर हुए हमले की याद आ गयी। काशी होश खो बैठी। डर के मारे वह जोर से चीख पड़ी, और देखते ही देखते भीमनगर का नामोनिशाँ मिट गया। हर कोई जान बचाने के लिए भागने लगा।

काशी बेहोश होकर ज़मीन पर गिरी पड़ी थी। जोतिबा उसे होश में लाने की कोशिश कर रहा था।

विजय के उन्माद में जुलूस धीरे-धीरे करीब आने लगा था।

युद्ध

भारत-पाक युद्ध में घायल होने के कारण भगवान को सेवा-निवृत्त किया गया था। उसे बैंक में नौकरी भी मिल गयी और सरकारी जमीन भी। भगवान सुलतानपुर का रहने वाला था। वह हर रोज़ मोटरसाइकिल पर बोरगाँव जाता। नौकरी बजाता और ऑफिस के बाद मोटरसाइकिल पर ही सुलतानपुर लौट आता था। सुलतानपुर से बोरगाँव आधे घण्टे के फासले पर था।

भगवान के पिता का नाम था सदाशिव। वह गाँव के देशमुख के यहाँ 'महारकी' (छोटे-मोटे काम) करता था। भगवान जब फौज़ में था तब उसका परिवार देशमुख के जूठन पर पल रहा था। भगवान की बहन भागीरथी देशमुख की हवेली पर काम करती थी। अभी उसकी शादी नहीं हुई थी। भगवान ने पिता को देशमुख की हवेली पर काम करने से मना किया। भागीरथी फिर भी कभी-कभी हवेली पर काम करने जाती थी। सब उसे 'भागी' कहते थे।

भगवान की शादी हो चुकी थी। बोरगाँव की रंजना के साथ। भगवान के एक छोटा बेटा हुआ। उसने उसका नाम 'भारत' रख लिया।

भगवान के कारण भीमनगर में बदलाव आ गया था। बच्चे नियमित रूप से स्कूल जाने लगे थे। इन बच्चों से वह कवायद करवाता। गपशप करते हुए वह लोगों को लड़ाई के किस्से सुनाता। रंजना को अपनी फौजी ज़िंदगी के बारे में बताता। भारत को शूरवीरों की कहानियाँ तब तक सुनाता, जब तक कि वह सो नहीं जाता था। कभी कभी वह रम पीता था। रम पीने पर देर रात तक हिन्दी फिल्मों के गाने गाता था। छोटी-छोटी बातों में भी उसका फौजीपन जाहिर हो जाता था।

देशमुख ने भगवान को हवेली पर बुलाया। भगवान जब हवेली की सीढ़ियाँ चढ़ रहा था, तब उसे अपना अतीत याद आया। बचपन में वह माँ की उंगली पकड़कर हवेली आया करता था। उसकी माँ मवेशियों के गोठ की सफाई करती थी। हवेली को बुहारती थी। भगवान कूड़े के ढेर के पास बैठ जाता था। माँ ने जब यह खबर सुनी कि भगवान लड़ाई में गोली का शिकार हो गया है, उसने दम तोड़ दिया। माँ की याद से भगवान की आँखों में आँसू आ गये।

भगवान हवेली के भीतर चला गया। देशमुख हुक्का पी रहे थे। भगवान ने फौजी ठाठ में नमस्कार किया। देशमुख को बुरा लगा। भगवान का फौजीपन उन्हें अच्छा नहीं लगा। इस महार के बच्चे ने झुककर 'आदाब-जोहार' करना चाहिए था। भगवान ने अपने पिता की 'महारकी' बंद कर दी थी, इससे देशमुख को परेशानी उठानी पड़ रही थी। भगवान ने कहा था, "देशमुख, मेरे पिता अब महारकी का काम नहीं करेंगे। सरकार ने मुझे जमीन दे दी है। नौकरी भी दे दी है। अब हमें गाँव के काम की जरूरत नहीं है। मेरे पिता ऐसा हल्का-गंदा काम करें, यह मुझे अच्छा नहीं लगता। मैं फौजी हूँ।" सुनकर देशमुख नाराज हो गये थे। भगवान के पिता देशमुख को 'मालिक' कहा करते थे लेकिन भगवान ने उन्हें सीधे 'देशमुख' कहा। यह उनकी बेइज्जती थी, पर देशमुख ने संयम से काम लिया।

"भगवान, तुम्हारे स्कूल का खर्चा मैंने उठाया था। तुम फौज में भर्ती हो गये, तब गाड़ी खर्चा भी मैंने ही दिया था। तुम जवान हो। तुम्हारी और हमारी कोई अनबन नहीं है। मेरा कहना इतना ही है कि तुम अपने पिता को गाँव के काम करने के लिए मना मत करो। महार अगर अपने काम नहीं करेंगे तो फिर कौन करेगा? तुम जरा गाँव के बारे में भी सोचो।"

"देशमुख, गाँव में मेरे पिताजी ही तो नहीं हैं। और भी लोग है। पैसा फेंको, कोई भी काम करेगा। ये काम महारों को ही करने चाहिएँ, ऐसा कोई कानून नहीं है।"

"देख बेटा, मुझे कानून मत पढ़ाओ। आदमी को अपनी जात नहीं भूलनी चाहिए। अपनी हैसियत से रहना चाहिए। समझे?"

"देखिए, देशमुख, अब पहले वाले दिन लद गये। महार अब फौजी हो गये हैं। शिक्षक हो गये हैं। कुछ तो वकील भी बन गये हैं।"

भगवान की बातें बिजली-जैसी गिर रही थीं। देशमुख घायल हो रहे थे।

जानवरों के गोठ की तरफ से देशमुख का कुत्ता आ गया और भगवान पर भौंकने लगा। देशमुख ने कुत्ते की पीठ पर हाथ फेरते हुए कहा, "अरे मोती, चुप रह, यह अपना महार है।" भगवान को बहुत बुरा लगा। उसने सिगरेट निकालकर उसे सुलगा लिया।

भगवान सिगरेट पी रहा था। तभी वहाँ पर गाँव का पण्डा मोरोपंत हाज़िर हो गये। उसने भगवान की ओर खोजी नजरों से देखा।

"क्यों देशमुख, आप कौन हैं?"

"अजी पंतजी, सँभल के आ जाइए। छूत लग जायेगी। इसे पहचाना नहीं आपने? यह अपने सदाशिव का बेटा है। फौजी है।"

"हाँ-हाँ! आ गयी बात समझ में। अपने महार सदाशिव का बेटा! बड़ा हो गया है! अच्छा! अच्छा!"

देशमुख का बेटा रतन सीढ़ियों से उतर कर नीचे आ गया। वह बाहर जा रहा था। देशमुख ने उसे रोक लिया।

"अरे रतन, देखना पंतजी पधारे हैं। उनके लिए गाय का दूध ले आना और हाँ, भगवान के लिए चाय बनवाने को भी कह देना।"

"ठीक है।" कहता हुआ रतन चला गया।

पण्डे ने भगवान को धीरे से छेड़ते हुए कहा, "तुझे दुश्मन की गोली लग गयी और तेरा लाभ हो गया। खेती मिल गयी। नौकरी भी लग गयी।"

भगवान पण्डे की कुत्सा को अनुभव कर रहा था। "हाँ! आपका कहना ठीक है। लेकिन देश की सीमा पर लड़ने का अवसर हर किसी को नसीब नहीं होता।" भगवान के जवाब से पण्डे लाजवाब हो गये। रतन ने दूध का गिलास पण्डे को दे दिया और वह चला गया। जाते-जाते उसने एक नजर भगवान को भी देख लिया।

भगवान ने दूसरी सिगरेट सुलगा दी। उसे बचपन की याद आ गयी। वह माँ के साथ हवेली पर आया करता था। काम हो जाने पर देशमुख की पत्नी चाय दे देती थी। भगवान को माँ की याद आ गयी। मालकिन के चाय ले आने पर भगवान की माँ कोने में रखी कप तश्तरी और लोटा उठा लाती। मालकिन ऊपर से पानी डालती। चाय भी ऊपर से उँडेल देती। भगवान की माँ फूँक-फूँककर भगवान को चाय पिला देती।

मालकिन चाय लेकर आ गयी। भगवान ने उनकी ओर देखा। उनके रंगरूप में कोई बदलाव नहीं आया था। सामने वाले बाल थोड़े से सफेद हो गये थे, बस!

"अरे भगवान, कितना बड़ा हो गया रे तू।" उनकी आवाज़ में ममता भरी हुई थी। "अरे, वह कोने में रखा कप उठा ले।"

"अच्छी प्याली में चाय दे रही हैं तो पिऊँगा, नहीं तो नहीं।"

"अच्छा बाबा, यही प्याली ले ले। बचपन का हठीला स्वभाव अब भी वैसा ही है तेरा।"

"अरी पगली, यह भगवान अब पहले जैसा नहीं रहा, बहुत बदल गया है।"

"शिक्षा और शहर से आदमी बिगड़ जाता है।"

"आप गलत इलज़ाम थोप रही हैं। वह बदल गया है फौजी संस्कारों की वजह से।"

भगवान अपने बारे में हो रही बातों को चाय पीते पीते सुन रहा था।

चाय पीकर भगवान विदा हो गया। मालकिन भीतर लौट कर पानी ले आयी और भगवान ने जिस प्याली से चाय पी थी, उस पर पानी उँड़ेल दिया। वह प्याली वहीं पड़ी रही।

"महारों को मस्ती आ गयी है।" पण्डे ने कुत्साभाव से अपनी प्रतिक्रिया व्यक्त की।

"सच है, पंतजी, कभी-कभी तो लगता है कि हम पराये देश में रहने लगे हैं। यहाँ अपनी बात नहीं चलती। यहाँ अल्पसंख्यों को दुलारना जारी है। इससे तो अंग्रेज़ अच्छे थे। 'दलितों को फौज में मत लो' कहने पर दलितों की भर्ती बंद हो गयी थी। अब क्या, हमारी सरकार है, हमारे प्रतिनिधि हैं और भला हो रहा है महारों का। दलितों के बच्चे हाकिम हो रहे हैं और हमारे बेरोजगार! कैसा इन्साफ है यह?"

"यह सामाजिक न्याय है!"

"सामाजिक न्याय नहीं, यह सांस्कृतिक बदला है।"

"बिल्कुल सही कहा आपने।"

भागीरथी चोरी-चोरी काम करने आ गयी थी।

"भागी, इस प्याली को तोड़ दे।"

"अच्छी तो है!"

"जैसा बताया है, वैसा कर! जा।"

भगवान की चाय की प्याली भागी ने उठा ली और गोठ की ओर चल दी। पण्डे भी चला गया। देशमुख ने हुक्का सुलगाया। कुत्ता चुपचाप लेटा हुआ था। सदाशिव भी चोर कदमों से आ गया। दूध पीने के लिए बिल्ली ऐसे ही आती होगी। भगवान ने अपने पिता और बहन को हवेली पर काम करने के लिए मना कर दिया था, लेकिन सदा और भागी फिर भी हवेली चले आते। हवेली आये बिना उन्हें चैन नहीं पड़ता था। देशमुख की गालियाँ और देशमुखाइन की चाय पाये बिना सदा को तसल्ली ही नहीं होती। भगवान के बोरगाँव चले जाने पर सदा देशमुख की हवेली का रुख करता!

"जोहार मालिक!" सदा ने दूर से ही झुककर सलाम किया और लाचार होकर सीढ़ियों के पास बैठ गया।

"अरे तुम महार, गाँव का काम बंद करेगे तो कैसे चलेगा? फिर हमें भी तुम लोगों को गाँव-बंद करना पड़ेगा।"

"महार मिल जायेंगे, मालिक!"

"सभी महारों ने निर्णय किया है न?"

"हाँ, लेकिन सावरगाँव के महार को न्यौता दिया है। वह कल आयेगा। मेरा चचेरा भाई है। अच्छा काम करता है और नेक आदमी है। कल से वह काम पर आ जायेगा।"

"काम तो कोई न कोई कर ही लेगा। काम किसी के लिए थोड़े ही रुकने वाला है? सवाल काम का नहीं है।"

"गंदे काम नहीं करने का फैसला जात पंचायत ने कर लिया है।"

"हल्के गंदे काम करना छोड़ दिया तो भी महार ब्राह्मण होने से रहा। तुम लोगों को गाँव के बाहर ही रहना पड़ेगा। या गाँव के भीतर आकर बस जाओगे?"

"नहीं जी, नहीं मालिक!"

"क्या कह सकते हैं? तेरा बेटा फौजी है। कल हमारे घर के अंदर भी घुस जायेगा।"

"नहीं मालिक, हमने आपका नमक खाया है।"

"ठीक! ठीक! जा जरा कुत्ते को नहला दे।"

"जी, मालिक!"

सदा ने सोये हुए कुत्ते को जगा दिया। उसका पट्टा पकड़कर उसे उठाया तो उसके हाथ से निकलकर वह देशमुख के पास जाने लगा। देशमुख ने कुत्ते को दुत्कारा। "अरे सदा कुत्ते को पकड़ो, छोड़ मत। उसे नहला दे। नहीं तो सबको छूत लग जायेगी। तुझे उसने छू लिया है ना?"

"जी, मालिक!"

सदा ने कुत्ते को पकड़ने की कोशिश की लेकिन कुत्ता उसके हाथ नहीं आया। उसे चकमा देने लगा। कूदता-भागता देशमुख के पास जाने लगा। देशमुख ने साँटी उठायी और कुत्ते को भगा दिया। कुत्ता थोड़ा पीछे हट गया और देशमुख पर ही भूँकने लगा।

"देखो, अब कुत्ता भी उल्टा भौंकने लगा!"

"जानवर है मालिक, उसे क्या समझ—कौन छोटा कौन बड़ा?"

देशमुख उठ गये। दीवार पर टँगी बंदूक उठा ली और कुत्ते पर गोली दाग दी। कुत्ता जहाँ था, वहीं तड़प-तड़प कर ठंडा हो गया। हवेली की दीवार पर बैठे जंगली कबूतर बंदूक की आवाज़ से उड़ गये। सदा डर कर कुत्ते की ओर देख रहा था। भागी दौड़ती हुई आ गयी। देशमुखाइन भी भागी-भागी आ गयी।

"सदा, उस कुत्ते को खींच ले जा।"

"जी, मालिक।"

सदा की घिग्घी बँध गयी थी। कुत्ते की जान चली गयी थी। सदा ने भरी आँखों से कुत्ते को देखा। भागी ने कुत्ते की लाश उठाने में अपने बाप की मदद की। सदा ने कुत्ते को उठा लिया। हवेली के बाहर चला आया। आँगन में कुत्ते के खून के दाग़ पड़े थे। भागी ने पूरा आँगन धो डाला।

कबूतर फिर हवेली की मुंडेर पर आ बैठे। देशमुख अखबार पढ़ने लगे। भागी हवेली के भीतर रहने लगी। देशमुखाइन लेकिन प्रभु के सामने बैठकर प्रार्थना करने लगी।

दूसरे दिन सुबह ही साँवरगाँव का पाण्डुरंग महार और सदाशिव, देशमुख की हवेली पर आ गये।

"मालिक, आपका महार आ गया है।" सदा ने जोर से पुकारकर कहा। भीतर से आवाज़ आयी, "अरे इतनी सुबह महार का मुँह कौन देखेगा? दिन खराब होगा।

जाओ, गोठ में जाकर बैठ जाओ। भिक्षा माँगने कोई ब्राह्मण आ जायेगा। उसके जाने पर इधर आ जाना।"

"जी, मालिक!" पाण्डु और सदा दोनों ने एक साथ कह दिया और गोठ की तरफ चले गये।

थोड़ी देर बाद ब्राह्मण आकर चला गया। देशमुख बाहर आ गये। हुक्का सुलगाया। सदा और पाण्डु दबे पाँव सामने आ गये। दोनों ने झुककर 'जोहर' सलाम कर दिया। सदा ने पाण्डु के बारे में बता दिया। देशमुख ने पाण्डु को ध्यान से देखा। पाण्डु ने अपने चेहरे पर ज़्यादा से ज़्यादा लाचारी का भाव लाने की कोशिश की।

"कितने बच्चे हैं तेरे?"

"एक ही है! पढ़ता है।"

"तो फिर नहीं चलेगा। सदा, दूसरा महार देख ले। इससे नहीं निभेगी।"

"मालिक, पाण्डुभैया ईमानदार है। मैं आपको ग़लत आदमी कैसे दे सकता हूँ?"

"तू क्या कम ईमानदार था? अपने बच्चों को पढ़ाने वाला महार हमें नहीं चाहिए। इसका बच्चा भी फौज में भर्ती हो जायेगा।"

"नहीं मालिक, मैं उसे फौज में नहीं जाने दूँगा।"

"लेकिन स्कूल तो भेजेगा ना? आदमी चार किताबें पढ़कर अपनी परम्परा को भूल जाता है।"

"मैं बेटे को स्कूल से निकाल दूँगा। पढ़कर वह थोड़े-ही बालिस्टर बननेवाला है। उसे भी काम पर रखियेगा।"

"हाँ, यह ठीक है। ऐसे ही महार हमें चाहिएँ। तेरे बाद तेरे बेटे को गाँव का काम करना चाहिए। ठीक है न?"

"जी, मालिक!"

"सदा, इसके रहने का बंदोबस्त कहाँ करेगा?"

"हमारे घर के पिछवाड़े रहेगा। झोंपड़ा बनायेगा।"

"अच्छी बात है। आज से ही काम शुरू कर।" पाण्डु इतना खुश हो गया, मानो स्वर्ग मिल गया। पाण्डु ने देशमुख के जूतों के दर्शन कर लिये।

"बैठ जा, चाय पीकर फिर काम शुरू करना।"

"जी, मालिक!"

पाण्डु और सदा सीढ़ियों के पास बैठ गये। सदा ने पाण्डु को कोने वाला आला दिखा दिया। उसमें रखे हुए बर्तन दिखा दिये।

"यहाँ अपने लिए बर्तन हैं।"

पाण्डु ने सिर हिलाकर समझ जाने का भाव व्यक्त किया। देशमुख हुक्का पी रहे थे। सदा और पाण्डु देशमुख को एकटक देख रहे थे। खबर गाँव में फैल गयी

कि देशमुख नये महार को ले आये हैं।

पाण्डु ने भीमनगर में अपनी झोंपड़ी बनवा ली। देशमुख के घर की 'महारकी' करने लगा। भीमनगर में बेचैनी बढ़ने लगी। भगवान प्रक्षुब्ध हो गया था।

"हम सबने 'महारकी' का काम करना छोड़ दिया है, तुम्हें भी यह हल्के काम छोड़ देने होंगे।"

"देशमुख मेरा पेट पालता है, इसलिए मैं उसका काम करता हूँ। क्या तुम लोग मेरा घर चलाओगे? मैं पेट के वास्ते लोगों का गू भी साफ करूँगा। चोरी-डाका तो नहीं डालता मैं!"

पाण्डु के पीछे देशमुख की सत्ता थी। इसलिए पाण्डु बिना किसी हिचकिचाहट के बोल रहा था।

भीमनगर में यह बात फैल गयी कि देशमुख के बेटे की करतूत से भागी के पाँव भारी हो गये हैं। पाण्डु ने ही यह बात खोल दी। रंजना ने भगवान को यह खबर सुना दी। भगवान पागल हो गया। वह आज ऑफिस नहीं गया। तड़पता रहा। भागी आँगन बुहार रही थी। भगवान ने उसे पास बुलाकर पूछा, "भागी, क्या तू देशमुख के बेटे के कारण पेट से है?" भागी हडबड़ा गयी। भगवान की आँखें लाल भभूका हो गयी, "बता, भागी बता।" भगवान की आवाज़ काँप रही थी।

भागी डर गयी। उसने सिर से ही 'नहीं' कहा। भगवान भड़क उठा। कोने में रखी कुल्हाड़ी उठा ली, " भागी, सच बोल नहीं तो तेरे टुकड़े-टुकड़े कर डालूँगा।" भागी रोने लगी। भगवान चिल्लाया, "मुझे जवाब चाहिए।" भागी बाप की पीठ के पीछे छिप गयी। रंजना भगवान के पास खड़ी थी। सारा घर घबड़ा गया था।

सदाशिव ने भागी को पीठ पीछे कर दिया, "हाँ, भागी का पैर फिसल गया है।" सदाशिव ने गुनहगार की तरह कबूल किया।

"भागी ने मेरी नाक काट दी।" कहते हुए भगवान दाढ़े मारकर रोने लगा।

रंजना ने पति के हाथ से कुल्हाड़ी ले ली, "आप काम पर जाइए। गुस्सा पी जाइए। भागी का पेट गिराया जा सकता है। अभी किसी को खबर नहीं हुई है।"

भगवान ने शराब की बोतल खोल ली। रंजना ने पीने को मना कर किया तो भगवान ने उसे गालियाँ दीं। सदाशिव सुन्न होकर कोने में बैठा हुआ था। भागी बाप से चिपककर बैठी हुई थी। रंजना विकल होकर पति को देख रही थी। भगवान शराब में डूबा जा रहा था। सूरज माथे पर चढ़ा। दुपहर चिलचिला रही थी।

भगवान तूफान की तरह उठ कर खड़ा हो गया। उसने भागी का हाथ पकड़ लिया। भागी रोने लगी। सदाशिव ने भगवान के पैर पकड़ लिये। रंजना बीच में खड़ी हो गयी। भगवान ने बंदूक की तरह भागी को उठा लिया। "भागी, आँखें पोंछ ले। हमें देशमुख की हवेली जाना है।" रंजना ने कहा, "गाँव में मत जाइए, गाँव आपसे खार खाता है। मैं आपके पाँव पड़ती हूँ।" रंजना ने पति को रोकने की कोशिश की।

भगवान ने उसे ठुकरा दिया और गाँव की ओर चल पड़ा।

वह देशमुख की हवेली में घुस गया। भागी सहमी हुई थी। दुपहर का समय। देशमुख आराम फरमा रहे थे। भगवान फौजी आवेग में चिल्लाया, "देखमुख, बाहर आ जा।" भगवान की आवाज़ हवेली में गूँज उठी। हवेली की बुलंदी में दरार पड़ गयी। ऐसी डरावनी आवाज़ हवेली ने कभी सुनी नहीं थी। देशमुख बाहर आ गये। उनके पीछे-पीछे देशमुखाइन भी आ गयी।

"देशमुख, तुम्हारे बेटे की करतूत से मेरी बहन के पाँव भारी हो गये हैं।" भगवान की आवाज़ बारूद के कोठार में विस्फोट की तरह कड़क रही थी। देशमुख और देशमुखाइन युद्धबन्दियों की तरह खड़े थे।

"देशमुख, तुम्हें मेरी बहन को बहू बनाकर घर में रखना होगा। भागी, चल जा, घर में जा।" भागी हड़बड़ा गई थी। भगवान ने फिर कहा, "मैं भीतर जाने को कह रहा हूँ तुझे। तू इस घर की बहू बनकर रहेगी और देशमुख, अगर मेरी बहन को कुछ हो गया तो इस हवेली को जलाकर राख कर दूँगा।"

भागी देशमुखाइन के पास जाकर खड़ी हो गयी। देशमुखाइन ने उसे अपना लिया।

भगवान आवेश से बाहर निकल गया।

तुरंत ही यह खबर गाँव-भर में फैल गयी कि भगवान ने अपनी बहन को देशमुख की बहू बना दिया है। समूचा गाँव देशमुख की हवेली के पास इकट्ठा हो गया। देशमुख बेकाबू और हिंसक दरिंदे जैसे दिखाई दे रहे थे। हवेली के बाहर भीड़ उमड़ पड़ी। दरिंदों की भीड़ बढ़ने लगी। भागी को गोठ में बंद कर दिया गया। गाँव के बुजुर्गों की बैठक हवेली में शुरू हो गयी।

"महारिन पेट से हो गयी तो क्या उसे बहू माना जा सकता है? घर में घुसना तो बहुत बड़ी बात हो गयी। गाँव के छोरों से गर्भवती होने वाली क्या यह पहली ही महारिन है? पेट गिरा दे और रकम लेकर चुप रहे। चाहे तो बच्चा जन दे और गाँव के बाहर रखैली बनकर रहे। उसे दाना-पानी दिया जा सकता है।"

मोरोपंत स्पष्ट उच्चारण में दो टूक बात कह रहा था।

"महारों को मस्ती चढ़ गयी है। इन्हें सबक सिखाना ही होगा।" लोगों ने आवाज़ में अपनी आवाज़ मिला दी। भीड़ बौखलाने लगी थी। देशमुख ने फैसला सुना दिया, "चाहे जो हो, उसी ने महारों को बिगाड़ दिया है। मेरी आधी जायदाद चली जाये तो भी पर्वाह नहीं। मैं अदालत से छुड़ा लूँगा।"

देशमुख के निश्चय से भीड़ बेभान हो गयी। गाँव वाले कुछ सोचकर ही उठ गये। देशमुख के बेटे के हाथ में बंदूक थी। लोगों के हाथों में लठ्ठ, कुल्हाड़ियाँ, तलवारें, छुरियाँ। भीड़ प्रक्षुब्ध हो गयी। हर कोई गुस्से से होश खो बैठा था।

कुछ लोगों ने भागी को गोठ से खींचकर बाहर निकाला। "हटो, बाजू हटो,

बहूजी आ रही हैं।" कहते हुए लोगों ने उसका मज़ाक उड़ाया। भागी की आँखों से पानी सूख गया था। एक ने उसके आँचल को खींच लिया। दूसरा, तीसरा, चौथा आगे बढ़कर उसके कपड़े खींचने लगे। पलभर में ही वह नंगी हो गयी। हवेली के सामने उसे बेइज्जत किया गया।

भागी आक्रंदन कर रही थी। भीड़ उसके पीछे पड़ी थी। दिनदहाड़े भरी सड़क पर भागी का नंगा जुलूस महारबस्ती की ओर बढ़ने लगा। रास्ते में राम का मन्दिर था। भीड़ ने राम की जै-जैकार की।

भीड़ भीमनगर में घुस गयी। भीड़ ने भगवान के झोंपड़े पर कब्जा किया। झोंपड़े का दरवाजा बंद कर दिया। सदा और रंजना चिल्ला रहे थे। भगवान को गुण्डों ने घेर लिया था। पलभर में भगवान के झोंपड़े में आग लगा दी गयी। आग भड़ककर आसपास को चूमने लगी। बस्ती के लोग जान बचाकर जंगल की ओर भागने लगे।

भगवान का झोंपड़ा जलकर खाक हो गया। आसपास की चार पाँच झुग्गी-झोंपड़ियाँ भी जल गयीं। भगवान की बीवी और बाप जलकर खाक हो गये। भगवान पीड़ा से कराह रहा था। भागी का कहीं पता नहीं था।

गाँववालों ने भगवान की आँखें निकाल लीं।

स्कूल की छुट्टी हो गयी थी।

बस्ती के बच्चे स्कूल से दौड़ते हुए चले आ रहे थे। बच्चे बस्ती में पहुँच गये, लेकिन बस्ती में कोई भी नहीं था। उनकी समझ में कुछ भी नहीं आया। भारत अपने बाप के पास खड़ा था और पूछ रहा था, "माँ कहाँ चली गयी? आपको क्या हो गया?"

बस्ती के सारे बच्चे इकठ्ठा हो गये। सबके सब भगवान के आँगन में आकर खड़े हो गये। जल रही झोपड़ियों में आग धुँधुआ रही थी।

भगवान ने बच्चों की आवाज़ सुनी। अपनी पीड़ा को नज़रअंदाज कर वह उठ खड़ा हुआ। फौजी शान से। भगवान बच्चों को कवायत के आदेश देने लगा। सब बच्चे चौकन्ने हो गये।

भगवान का आदेश आसमान को चीरता चला गया और बच्चे गाँव की दिशा में युद्ध की कवायत करने के लिए खड़े हो गये।

सरहद

मैं फेल हो गया था। मेरे घर पहुँचने से पहले ही किसी ने इस खबर को दादा तक पहुँचा दिया था। माँ रसोई बना रही थी। मेरे फेल हो जाने की बात सुनकर उसने गालियाँ देना शुरू किया। कुछ देर बाद दादा आ गये। आते ही उन्होंने मुझे जूते से पीटना शुरू कर दिया। माँ ने बीच-बचाव किया। दादा ने माँ को भी पीटा। मुझे बहुत बुरा लगा। मेरी वजह से माँ को भी पीटा गया। पड़ोस की राणू बुआ दौड़ती हुई आ गयी। उसने छुड़ाया।

"अगले बरस पास हो जायेगा। अभी इसकी उम्र भी क्या है? जानवर की तरह पीटे जा रहे हो।" माँ रोती हुई बोल रही थी। मैं माँ के पीछे छिप गया था।

"तूने उसको इस तरह सिर पर चढ़ा रखा है, इसलिए फेल हो गया। अब इसे पटेल के घर पर ही काम पर लगा देता हूँ। करने दो वहाँ गोबर सफाई।" दादा की जबान आग की तरह भभक रही थी।

"पढ़कर तहसीलदार बनेगा। गोबर साफ क्यों करेगा?"

माँ ने पल्लू से आँखें पोंछ डालीं।

"तू उससे गोबर ही साफ करवायेगी। हम ठहरे महार! कैसे सुधरेंगे?" ऐसा ही कुछ बुदबुदाते हुए दादा घर के बाहर चले गए। राणू बुआ देख रही थी कि माँ को कहाँ मार पड़ी है, और लगे हाथ मुझे गालियाँ भी दिये जा रही थी, "अरे कमबख्त, तेरा बाप इस गाँव में भौत शान से जिया है रे! आज तू ने उसकी बेइज्जती कर डाली। अरे तू तो पंच का बेटा है ना। उसका बेटा फेल हो गया, यह सुनकर उसे कैसा लगा होगा। महारों की बस्ती में तू अकेला ही तो पढ़ रहा था।" मुझे सचमुच बहुत बुरा लगा। मेरे दादा ग्रामपंचायत के सदस्य थे।

"मेरा भीमू भौत हुश्यार है। नापास तो हो ही नहीं सकता। उसे तो उस बामन मास्टर ने जान-बूझकर फेल कर दिया होगा!" गरम तवे पर रोटी डालती हुई माँ कह रही थी, "चल खाना खा ले। खाता न? आज तेरे बाप के गले से कौर नहीं उतरेगा।" माँ उद्वेग से बोल रही थी। मेरी भी भूख-प्यास गायब हो गयी थी।

दादा बाबासाहब आम्बेडकर के आदमी थे। बाबासाहब पर उनकी बड़ी श्रद्धा

थी। उन्हें हमेशा लगता था कि मैं भी बाबासाहब की तरह पढ़ूँ, बड़ा हो जाऊँ, नामवर बनूँ।

मैंने गाँव छोड़ दिया।

मुँह न दिखाने का निश्चय कर मैं निकल पड़ा। मेरे साथ नाई का नेमिनाथ और कोली का सिद्धाण्णा भी निकल पड़े। हम तीनों फेल हो चुके थे। भागकर मुम्बई जाने की हमने सोची। बु-हाणपुर का मैदान पार करते हुए मैंने कई बार मुड़-मुड़कर गाँव की तरफ देखा। गाँव दूर होता जा रहा था। विट्ठल मन्दिर के कलश धूप में चमक रहे थे। हमारा घर नहीं दिखाई दे रहा था। महारों की बस्ती भी आँखों से ओझल हो गयी। लेकिन देशपाण्डे मास्टरजी का मकान अभी भी साफ दिखाई दे रहा था।

मास्टर जी का मकान ऊँचाई पर था। वह बामनों की बस्ती थी। गाँव की अपेक्षा कुछ ऊँचाई पर काले पत्थरों से बनी कोठी थी। मास्टर जी की लड़की विमल नाम की। उसने मुझे चिट्ठी लिखी तो मैंने भी उसे चिठ्ठी लिखी थी। पटेल के रेवण ने यह मामला गुरुजी को बता दिया था और मेरे फेल होने की यही वजह थी। विमल का स्कूल तो हमेशा के लिए बन्द हो गया।

मैदान पार करने के बाद अपना गाँव हमेशा के लिए आँखों से दूर हो जाएगा इसलिए हम तीनों ने थोड़ी देर रूककर गाँव के दर्शन किये। रोये भी। विठ्ठल भगवान को नमस्कार किया। मेरी आँखों के सामने विमल का चेहरा था। दादा और माँ की याद से मेरा गला भर आया। निकलते वक्त छोटी बहन इन्दिरा और भाई श्रीकान्त को देखा भी नहीं था। लगा कि एक बार घर लौटकर इन सबको देख लूँ।

शोलापुर पहुँच गये। तब शाम हो चुकी थी।

समस्या थी कि कहाँ मुकाम करें और क्या खायें?

नेमिनाथ के पास चार आने थे। चने मुरमुरे खरीद लिये। तीनों ने मिलकर खाये। नल पर जाकर पानी पी लिया।

शोलापुर में नेमिनाथ का बहनोई रहता है। हमें उसका पता ढूँढ़ना था। नेमिनाथ की बहन को शोलापुर में ब्याहा गया था। लेकिन स्टोव की आग भड़क जाने से वह जलकर मर गयी थी। उसके पति ने दूसरी शादी की थी। उसका नाम था काशीनाथ। सुना था कि वह अम्बिका हेअर कटिंग सेलून में काम करता है। हमने उसके पास जाने का विचार किया। एक-एक चौराहा पार करते हुए अम्बिका हेअर कटिंग सलून पहुँच गये। वहाँ पता चला कि उसने बहुत पहले अम्बिका हेयर कटिंग सलून छोड़ दिया है। सुनकर हमें रोना आ गया। बहुत थके हुए थे। भूख भी लगी थी। मैं फुटपाथ पर ही बैठ गया। पैर जवाब देने लगे थे। नेमिनाथ भी वहीं पर खड़ा रह गया।

कुछ देर बाद पूछताछ करने पर नेमिनाथ को पता चला कि उसका बहनोई तिलक चौराहे पर बालाजी हेअर सेलून में काम करता है। हमने अपना काफिला

तिलक चौराहे की दिशा में मोड़ दिया। रास्ते में नेमिनाथ मुझे सीख दे रहा था। बहनोई यदि मेरी जात के बारे में पूछे तो कह देना कि 'मराठा' हूँ। यह मत कहना कि 'महार' हूँ। मैं हाँ में हाँ मिलाता रहा। मन में बहुत बुरा लग रहा था। यदि नेमिनाथ के बहनोई को मेरी जात का पता चल गया तो? क्यों दूसरे के घर चला जाये? तरह-तरह के विचार परेशान कर रहे थे। मैं नेमिनाथ के पीछे-पीछे चल रहा था। सिद्धण्णा खामोश था, मानो उसकी बोलती ही बंद हो गयी थी।

हम हर किसी से पूछते जा रहे थे–'क्यों भाई, तिलक चौराहा किस तरफ है?' रास्ते में हर दूकान के साइनबोर्ड पढ़ते जा रहे थे। 'बालाजी' नाम का साइनबोर्ड दीख पड़ा। हमें बड़ी खुशी हुई। सोचा, यही बालाजी हेअर सेलून होगा। लेकिन वह बालाजी टी हाऊस था। नेमिनाथ के बहनोई नहीं मिलेंगे तो यहीं पर वेटर का काम करूँगा। हमने कइयों से 'बालाजी हेअर सेलून' का पता पूछा, लेकिन ठीक पता कोई नहीं बता रहा था। एक कोने में छोटी-सी गुमटी थी। वही 'बालाजी हेअर सेलून' था।

"देख रे नेम्या, तेरा बहनोई है या नहीं।"

सिद्धण्णा ने कराहते हुए कहा। नेमिनाथ ने उछलकर कहा, "अरे है, बिल्कुल है।"

मुझे अच्छा लगा। नेमिनाथ का बहनोई जात न पूछे तो और अच्छा। मैंने भगवान से प्रार्थना करना शुरू कर दिया कि बहनोई हम सबको घर ले जाये, खाना खिलाये। नेमिनाथ जल्दी-जल्दी गुमटी के पास चला गया। बहनोई ने उसे पहचाना। वह किसी की दाढ़ी बना रहा था। उसे अधूरा छोड़ बातें करने लगा। मैंने सन्तोष की साँस ली। दूसरी शादी करने के बावजूद नेमिनाथ के बहनोई ने उसे पहचाना। लेकिन हमारा क्या होगा?

नेमिनाथ ने हाथ ऊपर उठाकर हमें बुला लिया। हम मुस्कुराते हुए आगे बढ़ गये। काशीनाथजी दाढ़ी बना रहे थे। हम बेंच पर बैठ गये। वहाँ अखबार पड़ा हुआ था। मैंने यूँ ही उठा लिया। पुराना अखबार था। उसमें सेना में भर्ती का विज्ञापन था। कल की तारीख थी। मेरे दिमाग में कुलकुलाहट हो गयी। क्यों ना सेना में भर्ती हुआ जाय। काशीनाथजी ने दाढ़ी का काम पूरा किया। हमें पास की गुमटी में ले जाकर चाय पिला दी।

उत्तरी सरहद पर चीन का आक्रमण हो चुका था। भारत सरकार अपनी फौजी ताकत बढ़ाने की योजना बना रही थी।

फौज में जवानों की भर्ती करनी थी। भर्ती के लिए जवानों की बेहद भीड़ इकट्ठा हो गयी। मैं भी मैदान में कपड़े उतारकर लाइन में खड़ा हो गया। मेरे पीछे नेमिनाथ और सिद्धण्णा भी थे।

मन में विचारों का तूफान उठ रहा था। समझ में नहीं आ रहा था कि क्या

करें? घर लौट जायें या मिलेट्री में भर्ती हो जायें। मेरे आगे सौ-डेढ़ सौ उम्मीदवार खड़े थे। बारी-बारी से हर एक की जाँच हो रही थी। पहले उन्होंने मेरा सीना देखा। फिर वजन देखा। मेरे पास पिछले वर्ष की नौवीं कक्षा की मार्कलिस्ट थी। उसे देखकर उन्होंने मुझे भर्ती कर दिया। मेडिकल में मैं फिट हो गया। जिनको चुना गया था, उन्हें एक बन्द कमरे में रखा गया। मैं घबराकर सोच रहा था कि नेमिनाथ और सिद्धण्णा का क्या हुआ होगा? बाहर हमें देखने वालों की बड़ी भीड़ लगी थी। किसी के माँ-बाप रोते गिड़गिड़ाते हुए साहब के पैर पकड़ रहे थे कि हमारे बच्चे को छोड़ दो। लेकिन किसी को नहीं छोड़ा गया। कुछ देर बाद भर्ती का काम पूरा हो गया।

नेमिनाथ और सिद्धण्णा को भर्ती नहीं किया गया।

हम कुल सवा सौ उम्मीदवार थे। मैं उनका अगुआ बन गया। मेरे नाम से वारंट निकाला गया। मुझे बार-बार घर की याद आ रही थी। मेरी पार्टी में उस्मानावाद का महबूब मुल्ला और लातूर का सुरेश सावंत थे। जल्द ही हमारी गाढ़ी दोस्ती हो गयी। रात के नौ बज गये थे, लेकिन किसी को भी बाहर नहीं जाने दिया गया। सारे कागज़ात तैयार होने में रात के ग्यारह बज गये। कागज़ात पार्टी के प्रधान को सौंपे गये। उनमें मैं भी था। कुछ लोगों को सिकन्दराबाद, कुछ लोगों को पुणे तो हमें नासिक रोड़ भेज दिया गया।

शुरू में हमें आर.आर.डी.सी. में एक बड़े भवन में रहने के लिए जगह दे दी गयी। वहाँ जाने पर चाय और नाश्ता दिया गया। किट का सामान मिल गया। हमारी फौज़ी जिंदगी की शुरूआत हो गयी। दूसरे दिन कुछ और कपड़े और जूते मिल गये। फिर हमारा मिलेट्री का नम्बर मिल गया। दो-तीन दिन बाद मेरी पहचान दिनेश सावले हो गयी। वह टेक्निकल असिस्टेंट था। मेरी पोस्टिंग ट्रेनिंग के लिए छह बैट्रीन में हो गयी। हमारा अठारह लोगों का एक स्क्वाड बन गया।

ट्रेनिंग शुरू हो गयी। पहले पी.टी. वैपन ट्रेनिंग या फिर ड्रिल हुआ करती थी। मैदान काफी बड़ा था। पी.टी. के बाद वैपन ट्रेनिंग दी जाती। छुट्टी का वक्त बहुत छोटा था। दौड़ते जाना और दौड़ते आना। यह दूरी कम से कम एक मील की थी। दस मिनट के अंदर ड्रेस बदलकर पीरियड के लिए तैयार होना पड़ता था। तब भूख बड़े जोर से लगी रहती थी। ट्रेनिंग बहुत तकलीफदेह थी। बदन टूट जाता। पैरों में गाँठें पड़ जातीं। लेकिन बतायें तो किसे बतायें?

दोड़े नाम के इन्स्ट्रक्टर थे। बड़े गुस्सैल और कठोर अनुशासनप्रिय। उनका चेहरा गडुओ जैसा था। उन्हें देखते ही मेरा दिल धड़क उठता था। एक बार उन्होंने मेरे गाल पर चपत लगा दी थी। मैं बहुत रोया। उस दिन दादा की और माँ की याद आ गयी। पूरा गाँव चित्र की तरह आँखों के सामने घूम गया। लगा कि भाग जायें। फिर भी मैंने गाँव के पते पर एक चिठ्ठी लिख दी। मैं नासिक में हूँ। मज़े में हूँ। मुझे मिलेट्री से छुड़ाने की कोशिश मत करना। फिर भी दादा आ गये। मैंने माँ के बारे में

पूछा। भाई-बहन के बारे में पूछा। राणू बुआ और उसके बच्चे ठीक थे। दादा ने ही बता दिया कि विमल की शादी हो गयी है। उस दिन मैं और दादा कालाराम मन्दिर देखने गये।

हम हिन्दू थे, लेकिन हिन्दुओं के मन्दिर में जा नहीं सकते थे। मन्दिर में कुत्ते-बिल्लियाँ भी जा सकती हैं, लेकिन दलित नहीं जा सकता। उसके जाने से छूत लगती है। डॉ. बाबासाहब आम्बेडकर ने कालाराम मन्दिर प्रवेश के लिए सत्याग्रह किया था। उस सत्याग्रह के लिए दादा भी गये थे। उन्होंने मन्दिर प्रवेश सत्याग्रह की पुरानी यादें बता दीं। आज मैं और दादा गर्व से कालाराम मन्दिर की सीढ़ियाँ चढ़कर ऊपर चले गये। हमें किसी ने भी नहीं रोका। मुझे बाबासाहब के कार्य पर गर्व महसूस हुआ।

तनखा दस-बीस रुपये ही थी। वह तेल-साबुन में खर्च हो जाती। ज्यादा पैसे नहीं मिलते थे। वजह यह थी कि ज़्यादा पैसे मिल जाने पर रिक्रूट रात में भाग जाते थे। एल.एम.जी. के अलावा बाकी सब ट्रेनिंग मिल रही थी। वैपन ट्रेनिंग के साथ क्रालिंग सीखना पड़ता था। रायफल को दोनों हाथों में ऊपर उठाकर कुहनियों के बल घसीटते हुए किसी विशिष्ट स्थान तक जाना पड़ता था। इससे घुटनों और कुहनियों से खून बहने लगता। अंग जलने लगते। लेकिन मज़ा भी आ रहा था। सोलहवें हफ्ते में बैट्री कमाण्डर पासिंग और तेईसवें हफ्तें में कमाण्डिंग आफिस का पासिंग औट। मैं उसमें पास हो गया। इसके बाद टेक्निकल ट्रेनिंग पर जोर था।

मुझे वायरलेस आपरटेर की ट्रेनिंग पूरी करनी पड़ी। एक बार हम टेक्निकल ट्रेनिंग के वक्त वायरलेस सेट लेकर अलग-अलग स्थानों पर बैठे हुए थे। कैप्टन साठे पधार थे। मेसेज पास होते उन्होंने आब्जर्वेशन किया था। मेरी आवाज़ को सुना था। मेरी अंग्रेज़ी का उच्चारण साफ था और मैं अच्छे ढंग से मैसेज पास कर रहा था। कैप्टन साठे ने हमारे स्टेशन के पास आकर मेरा नाम पूछ लिया। शाबाशी दी। स्क्वाड में मेरी शान बढ़ गयी। हमारे सूबेदार और इन्स्ट्रक्टर खुश हो गये। टेलिफोन ट्रेनिंग रात में भी चलती थी। रात में हम वायरलेस सेट पर कभी-कभी फिल्मी गीत लगाकर सुनते थे। एक दफे देवलाली रेंज पर कोर्स शूटिंग थी। तब हमें वायरलेस सेट ले जाने का हुक्म हुआ। 'कोर्स शूटिंग' शब्द को मैंने पहली बार ही सुना था। मैंने सोचा, अब फिल्म शूटिंग होगी और हमें सिनेमा के अभिनेता-अभिनेत्रियों को देखने का मौका मिलेगा। लेकिन जब दूसरे दिन हम आर्टिलरी रेंज गये और वहाँ तोपों की फायरिंग हुई तब जाना कि कोर्स शूटिंग क्या होती है।

ट्रेनिंग के दौरान दीवाली धूमधाम से मनायी।

बत्तीस हफ्तों बाद हमारी ट्रेनिंग खत्म हो गयी। अब हम ट्रेण्ड सोल्जर बन गये। एक महीने की छुट्टी मिल गयी।

छुट्टी पर गाँव लौट आया। माँ ने गले लगाया। दादा को भी बड़ी खुशी हो गयी।

सब मुझसे मेरे हाल-चाल पूछने लगे। नेमिनाथ काशीनाथ के सेलून में काम करने लगा था। सिद्धण्णा सोलापुर में सूत मिल में लग गया था। मास्टरजी से मिला। उन्होंने मेरी पूछताछ की। मुझे अच्छा लगा। विमल ससुराल चली गयी थी। उसकी याद मुझे बेचैन कर रही थी। गाँव में चैन नहीं था। ट्रेनिंग की यादें आ रही थीं।

रविवार को शोलापुर जाकर नेमिनाथ से मिला। शाम को सिद्धण्णा से मुलाक़ात हो गयी। नेमिनाथ की शादी तै हो गयी थी। काशीनाथ की लड़की के साथ। हम तीनों ने उस दिन 'दोस्ती' फिल्म देखी। विमल शोलापुर में ही ब्याही गयी थी। लेकिन उससे मुलाकात हो तो कैसे हो? नामुमकिन थी। फिर भी मेरा मन उसे देखने के लिए बेताब था। माँ ने चेतावनी दी थी कि विमल के पास मत जा। अब वह पराये घर की बहू बन गई है। मन मेरा बेचैन था। टाइमपास करने के लिए नेमिनाथ को ट्रेनिंग के किस्से सुनाता रहा।

एक माह की छुट्टी के बाद नासिक रोड़ हाजिर हुआ। कुछ ही दिनों में हमारा पोस्टिंग आर्डर आ गया। निकलने की तिथियाँ भी बताई गयी थीं।

हमारा सत्तर-अस्सी जवानों का काफिला नासिक रोड रेलवे स्टेशन पर आ गया। हमारे लिए एक बोगी आरक्षित थी। दिल्ली तक पहुँचाने के लिए एक हवलदार भी साथ था। मैं पहली बार इतना लम्बा सफर कर रहा था। मैं और दिनेश सालवे एक ही यूनिट में जाने वाले थे। हमारी पूरी रेजिमेण्ट महारों की थी। हम रास्ते में हँसी-मजाक करते हुए जा रहे थे। कुछ जवान बीना, बबिना, मथुरा उतर गये। उन्हें विदा करते वक़्त गला भर आया। अन्तः हम शाम आठ बजे दिल्ली पहुँच गये। वहाँ से हमें पहुँचाने आया हवलदार लौट जाने वाला था।

दिल्ली से हम रेलगाड़ी से जम्मू आ गये। जम्मू बड़ा सुन्दर शहर लगा। वहाँ ट्रांजिट कैम्प में मुकाम किया। दूसरे दिन नौशेरा के लिए निकल पड़े। सफर काफी लम्बा था। रास्ता नहर के किनारे-किनारे था। नहर में कई औरतें नंगी ही नहा रही थीं। बदन पर कपड़ा नहीं था। हमारे जवान उन्हें देखकर चिल्लाने लगे। मुझे यह नजारा बड़ा अजीब लगा। माधवपुर ब्रिज पार कर हम आगे बढ़ गये। पहाड़ों की ऊँची और लम्बी कतारों, हरी-भरी झाड़ियों, दरों और घाटियों से यह इलाका बेहद हसीन और रमणीय लग रहा था।

रास्ता सँकरा था। हम बस में सफर कर रहे थे। यहाँ पास में ही पाकिस्तान की सरहद है। उसे छाम्ब सेक्टर कहा जाता है। आखनूर के बाद काराकोरम पहाड़ी शुरू हो जाती है। पहाड़ी रास्ते से बस दौड़ रही थी। कभी-कभी तो सड़क इतनी सँकरी कि एक ही बस जा सकती थी। बस के बाहर झाँकने पर गहरे दर्रे नजर आते। कहीं बस गिर तो नहीं जायेगी, इस डर से कलेजा काँप उठता था। मोड़ों को पार करती हुई बस आगे जा रही थी। पहाड़ की चोटियाँ झुकी हुई कगारें...पहाड़ों से झर रहे झरने, घनी हरी-भरी घास,...एक दूसरे से सटकर खड़े पेड़...खुशगवार हवा...मन

खो जाता था। उधर से आने वाली गाड़ियों को ट्रान्स्पोर्ट कंट्रोलिंग पोस्ट पर रोका जाता था। जाने वाली गाड़ियाँ पहुँच जाने के बाद उन्हें छोड़ा जाता। पहाड़ पर एक जगह काफी होटल। बस वहाँ रुक गयी। हमने वहाँ नाश्ता लिया। चाय पी ली।

अब हमारी बस ऊँचाई पर चढ़ने लगी। दो बजे के आसपास नौहार टी.सी.पी. पर पहुँच गये। वहाँ हमरी नयी यूनिट को फोन लगाया। गाड़ी मँगायी। उसे आने में काफी देर लग गयी। गाड़ी आ तो गयी, लेकिन छोटी। सामान बहुत था। किसी तरह घिचपिच कर बैठ गये। धक्के लग रहे थे। सड़क कच्ची थी। गाड़ी पुराने माडल की थी। काफी धूल उड़ रही थी। तन-बदन धूल से सराबोर हो गया। गाड़ी उचक-उचककर भाग रही थी। सफर से बदन टूट रहा था। मैं अपना गाँव छोड़कर कितनी दूर चला आया। इन ऊँचे पहाड़ों के पार क्या मेरी माँ मेरी पुकार सुन पायेगी? अब तो ये पहाड़ ही अपनी गोद में लेकर माँ की तरह हमारी देखभाल करने वाले हैं।

कुछ देर बाद हम यूनिट लाइन में पहुँच गये। गाड़ी से उतर जाने पर अैडज्युटंट नायब सूबेदार हरि सिंधू को देखा। लेक्चर दिया गया। उसे सुनकर तो मैं घबरा ही गया। यहाँ से नजदीक ही पाकिस्तान की सरहद है। वहाँ हरदम मशीनगन और रायफल की फायरिंग होती रहती है। लेकिन डरने की बात नहीं। हमें आवाज़ें सुनाई देती हैं लेकिन वह जगह यहाँ से काफी दूर है। हम नये थे। दुश्मन की फायरिंग कहने पर डर गये।

यूनिट बिल्कुल नई था। रहने के लिए टेण्ट थे। बैरक कम ही थीं। हम फौजियों को लड़कियों का बहुत आकर्षण रहता है। हमारी पोजीशन एक गाँव के पास ही थी। पानी भरने के लिए लड़कियाँ आ जातीं। हम ठिठोली करते। हँसी-मज़ाक करते। शूटिंग के बाद हम घूमने जाया करते। फिल्में भी दिखाई जाती।

मेरी पोस्टिंग आर बैट्री में तो दिनेश की क्यू बैट्री में हो गयी। झंगड़ की तरफ एक छोटी नदी को पार करने पर जो पहाड़ी थी, उस की बाजू में आर बैट्री डिप्लॉय हो गयी थी। मैं वहाँ किसी तरह पहुँच गया। पोजीशन की चारों दिशाओं के एल.एम.जी. लेकर रात में डयूटी करने लगा। साथ में अशोक थोरात था।

भारत-पाक सरहद पर पहरा देने, पाकिस्तानी नागरिकों और जासूसों को घूसखोरी से रोकने और सरहद पर होने वाले छोटे-मोटे हमलों का जवाब देने के काम थे।

अगस्त 1965 में पाकिस्तानी फौज का बड़ा ज़मावड़ा बन गया था। घुसपैठियों ने अंदर आकर तबाही मचा दी। जम्मू-कश्मीर के बड़े पुलों को उड़ा देने की उनकी मंशा थी, लेकिन दाँव उल्टा पड़ गया।

इन्फन्ट्री पोस्ट पर रोजाना फायरिंग होने लगी। सब जगहों पर सावधानी बरती जाने लगी। जवान होशियारी से पहरा दे रहे थे। हम भी रात-भर जागते रहते थे।

दिन में सो जाते थे। राजौरी सेक्टर में घुसे घूसपैठियों को पकड़ने के लिए दर्रे पहाड़ों को छान मारते थे।

उस दिन हम भोर में पाँच बजे ही बाहर निकल पड़े। घने जंगल में, पहाड़ की चोटी पर चार-पाँच पाकिस्तानियों को पकड़ा। कुछ घरों पर भी छापा मारकर जासूसी करने वालों को भी पकड़ लिया। उनके पास से बारूद, स्टेनगन, मशीनगन जब्त कर लिये। मुश्कें बाँधकर उन्हें यूनिट में ले आये। उनकी कड़ी जाँच-पड़ताल कर उन्हें गोली से उड़ा दिया । कमाण्डर कैप्टन के 'फायर' कहते ही ट्रिगर दबाया जाता और गोली पठान के सीने में घुस जाती। वह 'या अल्लाह' कहकर जमीन पर ढेर हो जाता। जो बच गये उन्हें डिविज़नल हेड क्वार्टर ले जाया गया। कुछ ही दिनों बाद लड़ाई शुरू हो गयी।

आसपास कहीं फायरिंग हो रही थी। गन की आवाज़ जोरदार थी। आग की लपटों को ऊपर उठते हुए देखने में मज़ा आ रहा था। डर के मारे हालात संगीन भी हो उठते थे। एक दिन रात में हम स्टण्ड टू हो गये थे। 'स्टैण्ड टू' का मतलब खतरे की आशंका है, अपनी-अपनी रायफल लेकर हर जवान को मोर्चे के लिए तैयार रहना है। वक़्त पड़े तो फायर भी करना होगा। दो सीटियों के बजने के बाद आल बेल बराबर! हम सब मोर्चे में थे। रात का वक़्त। अँधेरे में एक किसान घर लौट रहा था। उसका मकान हमारे कैम्प के पास था। हमारे कैप्टन ने शक की बिना पर उसे पकड़ लिया और पीटते हुए लाइन में ले आये। इतना पीटा कि उसकी जान ही चली गयी। किसी को पता चलने से पहले उसे दफनाया गया। कुछ दिनों बाद इस मामले ने काफी तूल पकड़ा, लेकिन फिर किसी को कुछ नहीं हुआ। लड़ाई का मौका था। बेचारे किसान का घर उजड़ गया।

अगस्त के दूसरे हफ्ते में लड़ाई का जोर बढ़ गया। घमासान लड़ाई होने लगी। दुश्मन की फौज ने सुबह ही झंगड की सुरक्षा चौकी पर हमला बोल दिया। हवलदार राघू काम्बले के नेत्तृत्व में मीडियम गन का एक सब सेक्शन तैयार था। राघू ने कई दुश्मनों को मार गिराया। लेकिन जब बारूद खतम हो गया तब दुश्मन की फौज उसके बंकर में घुस गयी। उसका सिर उड़ा दिया गया। फिर भी राघू का हाथ मशीन गन पर टिका हुआ था।

दूसरी ओर बारकू काम्बले दूसरे सब सेक्शन का नेत्तृत्व कर रहा था। उसने भी जान की बाजी लगाकर कई सिपाहियों को मार डाला, लेकिन दुश्मन की तादाद बड़ी थी। चौकी के लिए बड़ा खतरा था, इसलिए उसे पीछे हटना पड़ा। इस हमले में एक जवान खेत रहा।

जोडिया पहाड़ पर दुश्मन के हमले की खबर थी, लेकिन नहीं हुआ। पर भोर में ही पाकिस्तान के जेट हवाई जहाजों ने बम गिराये। दुश्मन के हवाई हमलों का सामना करने का यह पहला मौका था हमारे लिए। चालीस मिनट तक बम वर्षा होती

रही, लेकिन हमारा एक भी जवान खेत नहीं रहा।

दो दिन शान्ति का माहौल रहा। बम वर्षा से बेकार हो गये मोर्चे फिर से बनाये गये। दो दिन बाद दुश्मन ने हवाई हमले शुरू किये। तोपों से गोले गिराने लगे। तोपों की आड़ में पैदल फौज आगे बढ़ने लगी। लेकिन बटालियन ने दुश्मन को चारों ओर से घेर लिया था। चौतरफा हमले के सामने पाकी सिपाहियों का कुछ वश नहीं चला। कुछ सिपाही भाग गये। दुश्मन के हवाई हमले जगह-जगह पर हमारी तोपों को निशाना बना रहे थे। हमें जरूरी सहायता नहीं मिल रही थी। वक्त बड़ा जानलेवा था। फिर भी हम दुश्मन के मोर्चों पर टूट पड़ रहे थे। इस हमले में बटालियन को काफी नुकसान उठाना पड़ा। लेकिन धीरज निष्ठा और साहस के कारण हमने दुश्मन का अच्छा मुकाबला किया।

हमले से पहले पूरी तैयारी करनी पड़ती है। दुश्मन की ताक़त का सही अंदाजा होना जरूरी होता है। विश्वसनीय सिग्नल कम्युनिकेशन बहुत महत्त्वपूर्ण होता है। दुश्मन की तोपों और हवाई जहाजों का मुकाबला करने के लिए अपनी तोपों और हवाई जहाजों की सहायता बहुत जरूरी होती है। आरक्षित फौज़ के बिना कोई हमला कामयाब नहीं हो सकता। मैं अनुभव से सीख रहा था।

पाकिस्तान का मुहादीपुर सुनियोजित हमला कर हमने अपने कबज़े में कर लिया। दुश्मन को मार भगाया। उस के बारह सिपाहियों को कैद कर लिया। पन्द्रह की लाशों को वहीं पर दफना दिया।

अगस्त बीस की तारीख होगी। मैं और अशोक थोरात कमांड पोस्ट के पीछे वाली सड़क पर तैनात थे। उस रात हमने पाकी फौज पर फायरिंग की। उनसे कोई जवाब नहीं आया। हमने तोपों को बरसा दिया। उस दिन रात के दो बजकर पचास मिनट पर पाकी पहाड़ के पीछे से सू-सू-सू की आवाज़ें आयीं। आवाज़ें हमारे सिर पर से होती हुई पीछे की तरफ चली गयीं। वे तोपों के गोले थे। मैं और अशोक रायफल लेकर मोर्चे में भीतर बैठे थे। सिर पर हेलमेट नहीं था। पाकिस्तान की फायरिंग शुरू हो चुकी थी। मैंने हेलमेट के लिए हाथ आगे बढ़ाया तो तोपों की आवाज़ आई। मैं झट से नीचे बैठ गया। मने में सोचा—ये गोले तो अपने ही सिर पर गिरने वाले हैं। लेकिन हमारे पीछे पचास फुट दूर जाकर गिरे। उनके स्प्लिन्टर्स आस पास बिखर गये। एक स्प्लिन्टर मेरे जूते के पास आकर गिरा। किसी के चिल्लाने की आवाज़ आई। सोचा कि अब जिंदा बचने की उम्मीद नहीं है। घर की यादें आने लगीं। मैं काँप उठा।

कुछ देर बाद फायरिंग थम गयी। दूसरी दिशा में होने लगी। मैंने झट से हेलमेट सिर पर लगा लिया। मन में निश्चय किया कि अब कभी हेलमेट को सिर से अलग नहीं करेंगे। इतने में कानों के पर्दे फाड़ने वाली आवाज़ आई। आग की भारी लपटें उठ रही थीं। अशोक को नीचे बैठने के लिए कह ही रहा था कि हम पर फायरिंग

शुरू हो गयी। मेरे हेलमेट पर स्लिन्टर आ गिरा। सिर पर हेलमेट नहीं होता तो मेरी खैर नहीं थी। फिर सुन्दरबनी की तरफ से भारत की फायरिंग शुरू हो गयी। हमारी डयूटी खत्म हो गयी।

फायरिंग के वक़्त अशोक का दम उखड़ जाता था। जान हथेली पर लेकर बैठते थे। फायरिंग के वक़्त सुना कि जिचकार दीवार को पकड़कर राम-राम करता हुआ खड़ा था। फायरिंग के बदले राम-राम कहकर कूदने लग जाता था। सुनकर बहुत हँसी आ गयी।

दूसरे दिन हमारी पोजीशन बदल गयी। एक छोटे से नाले के आगे माइन्स फील्ड के पास पोजीशन थी। आसपास काफी झाड़ियाँ थीं। हमने मोर्चे बनाने, कमाण्डपोस्ट खोदने आदि काम शुरू किये। हमें नयी गाड़ियाँ मिल गयी थी। इसलिए तुरन्त पोजीशन बदल सके।

फिर एक मज़ेदार वाक्या हो गया। खबर थी कि पाकी हवाई जहाज बम्बिंग करने वाले हैं। बाहर कोई न दिखाई दे। तब मैं नहर में नहा रहा था। जल्दी से बाहर आ गया। कपड़े बदलने लगा। तभी हवाई जहाज की आवाज़ आई। मैं धड़ाम से पानी में कूद पड़ा और पानी में ही डूबा रहा। आवाज़ कम होने पर मैंने सिर ऊपर उठा लिया। मेरी हरकतें देखकर सब लोग हँस पड़े। वे पास में ही पहाड़ी के पीछे छिप गये थे। हवाई जहाज ने रोहतक पॉकेट के पास बमबारी की थी।

दूसरे दिन हम मेंढार जाने के लिए निकल पड़े। बारिश हो रही थी। गाड़ियाँ अटक जाती थीं। कीचड़ हो गया था। घुसपैठिये रास्तों में रोककर जवानों को मार डालते थे। अकेली गाड़ी लेकर जाना खतरे से खाली नहीं था। हमारे साथ एक पार्टी की गाड़ी थी। बैट्री कमाण्डर बनसोडे थे। अच्छे स्वभाव के थे। हम पाँच बजे के करीब वहाँ पहुँच गये। जगह बता दी गयी। टेलिफोन लाइन, एक्सचेंज मिलाया गया। कुछ देर बाद बनसोडे साहब ने मुझे और अशोक को नीचे रेजिमेण्टस पोस्ट पर जाने के लिए कहा। वहाँ हमारे लिए बंदूकें आने वाली थीं। उन्हें पोजीशन पर लाने की जिम्मेदारी हम पर सौंपी गयी थी। हम गन के आने का इंतजार कर रहे थे। अँधेरा छा गया था, फिर भी गन नहीं आईं। मैंने रेजिमेण्टल पोस्ट से पूछ लिया। उन्होंने गाड़ियाँ और गन आगे चले जाने की बात की। हम परेशान हो गये। सामने वाली सड़क तो सीधे पाकिस्तान जाती थी। हमने फौरन जाकर बनसोडे साहब को खबर कर दी। बनसोडे साहब झट से चल पडे। ड्राइवर ने गाड़ी निकाली। बारिश के कारण नदी में बाढ़ आई हुई थी। पुल के ऊपर से पानी बह रहा था। बिना कोई परवाह किये बनसोडे साहब ने जीप पानी में घुसा दी। बड़ी मुश्किल से पुल पार करके आगे बढ़ गये। अँधेरा घना हो गया था। गन ग्रुप काफी आगे निकल गया था। रास्ता भटक जाने से वहीं पर रुका हुआ था।

बनसोडे साहब की जीप गड्ढों खाइयों को पार करती हुई दौड़ रही थी।

रिमझिम बारिश हो रही थी। हेड़क्वार्टर से फोन आने के कारण इनफन्ट्री के लोग भी गन और गाड़ियों की तलाश में निकल पड़े थे। गन और गाड़ियों को लेकर हम मेण्ढार कैम्प लौट आये। तीन चार फर्लांग की दूरी पर पाकिस्तान का बार्डर था।

पाक सेना ने अंदर घुसकर मोर्चे बना लिये थे। फौजी वहीं पर टिके हुए थे। उन्हें वहाँ से खदेड़ना था। एक खास समय पर हमला बोलना था। फायर का वक़्त रात का दिया गया था। सब लोग एक निश्चित मुकाम पर पहुँच गये। आधिकारियों ने जरूरी आर्डर दे दिये सब मुस्तैद थे। हमले का वक़्त नजदीक आ रहा था।

इनफन्ट्री ने सहसा धावा बोल दिया। मशीनगनों और मॉर्टरों की आवाज़ें गूँजने लगी। इस वक़्त वायरलेस सेट पर जैमिंग होने लगी। मैसेज भेजने में दिक्कतें आने लगीं। फ्रिक्वैन्सी बदलने पर भी जैमिंग जारी थी। कुछ देर बाद हम पर अपनी ही फायरिंग होने लगी। भगदड़ मच गयी। काफी लोग मारे गये। वजह यह थी कि हमारा ब्रिगेडियर पाक से मिला हुआ था। उसे पकड़कर हेडक्वार्टर भेजा गया। जो बचे थे, उन्हें पीछे हटने के लिए कहा गया।

सुबह हो गयी, लेकिन अशोक लौटा नहीं था। उसे खोजने के लिए सारे जवान भटकने लगे। कुछ भी पता नहीं चल रहा था। सबके आगे कैप्टन बनसोडे थे। खोज के दौरान जिचकर का पैर गलती से माइन पर पड़ गया। वह सहसा ऊपर उछल पड़ा। टुकड़े-टुकड़े हो कर बिखर गया। बहुत ही भयानक दृश्य था। कुछ आगे जाने पर एक और जवान माइन पर पैर पड़ जाने से घायल होकर बेहाल था। दुश्मन ने माइन्स लगाये थे। माइन फील्ड पर चलते हुए बड़ी सावधानी बरतनी पड़ती थी। अशोक का कोई पता नहीं चला। क्या हुआ होगा, कौन जाने? वह अमरावती का रहने वाला था। जिचकर की अन्त्येष्टि नदी किनारे कर दी गयी। उसे सलामी भी दी गयी।

युद्ध के वातावरण ने मुझे भी लड़ाकू बना दिया। अब मुझे फायरिंग से डर नहीं था। मौत की कोई पर्वाह नहीं थी। जिंदगी को मैं मौत के हाथ में रम का प्याला समझने लगा। बारिश हो रही थी। बिजलियाँ कड़क रही थीं। सनसन कर हवा चल रही थी। जूतें कीचड़ से सन गये थे। हम पूरी तरह से भीग गये थे। धरती ने अँधेरे का गणवेश धारण कर लिया था। हम अपनी ड्यूटी ईमानदारी से निभा रहे थे। हमारे प्राण ट्रिगर पर रूके हुए। मैंने यूं ही ट्रिगर को दबा दिया। फायर की आवाज़ सुनकर बनसोडे साहब दौड़ते हुए आये। बोले, "भगवान कसम, गोलियाँ खत्म होने के बाद हम तुमको एक भी गोली नहीं देंगे। रात अभी बहुत बाकी है।" तब हमारी सहायता के लिए आये हुए सिविल पुलिस के सिपाही और एच.आर.पी के लोग मेरी ओर देख रहे थे।

रोहतक पॉकेट की टेलिफोन लाइन खराब हो गयी थी। मैं टेंबेमास्टर और ड्राइवर निकल पड़े। लाइन देखते हुए झंगड़ के पश्चिमी मैदान में पहुँच गये। सामने

पाक पॉकेट था। उन्होंने फायरिंग शुरू कर दी। गोलियाँ जीप की तरफ ही आ रही थी। ड्राइवर ने चतुराई से गाड़ी को बिना स्टार्ट किये कलच को दबाया। गाड़ी न्यूट्रल में नीचे नाले की तरफ चली गयी। एक गोला गाड़ी से कुछ ही दूरी पर आ गिरा। मैं भागकर सुरक्षित जगह ढूँढ़ने लगा। टेम्बे मास्टर ने भागने से रोका। कहा, भागने से स्प्लिंटर्स ज्यादा लगेंगे। हम लाइन को जाँचते हुए आगे बढ़ रहे थे लेकिन फॉल्ट नहीं मिला।

मैं और टेम्बे मास्टर रात में एक्सचेंज के सामने वाले हाल में सोते थे। रात एक के आसपास पाकी फायरिंग शुरू हो गयी। पहला गोला पास के हॉकी मैदान पर आ गिरा। उसके आवाज़ से हम जाग गये। एक्सचेंज में गये। रात काफी देर तक बमबारी होती रही। एयरब्रस्ट भी बहुत किये गये। उसके स्प्लिन्टर्स हाल में बिखरे पड़े थे। मेरी खाट पर भी दो-तीन स्पिलन्टर्स पड़े थे। यदि मैं एक्सचेंज नहीं जाता तो खाट पर ही हमेशा के लिए सो गया होता।

एक सुबह बैट्री कमाण्डर ने हमें बताया कि हमें पाकिस्तान पर फायर करना है। अपने-अपने बंकरों पर चाहों तो मिट्टी डाल दो। हमारे बंकर पर काफी मिट्टी थी, इसलिए हमने और नहीं डाली। सामने ही पाकिस्तान का पॉकेट था। उन्हें हमारी हलचल नजर आ गयी। उन्होंने तुरंत फायर शुरू कर दिया। पहले उनके गोले पास के पहाड़ी पर गिरे। फिर हमारे आस पास फास्फोरस के गोले थे। पड़ते ही जल उठते थे। हमारे सामने मिट्टी और धूल के बादल छा जाते।

टेलिफोन के कई तार टूट चुके थे। हमारा वायरलेस सेट बैट्री कमाण्डर के बंकर में था। उन्होंने सेट ऑन किया। यह भीषण घमासान देखकर उन्हें धोखे का अन्देशा हो गया। दृश्य भयानक था। उन्होंने रपट भेज दी। सहसा मैंने टेलिफोन जनरेटर घुमा दिया और बराबर वही एक लाइन चल रही थी। एक्सचेंज का शटर भी नीचे गिर गया। बाहर की आवाज़े आने लगी। धूप और धुएं के कारण कुछ भी दिखाई नहीं दे रहा था। जो शटर नीचे गिर गया था, उसके जैक में आपरेटर कार्ड डालकर अन्दर किया, तब साहब बोले, "अरे भीमा, तू जिन्दा है?" मैंने कहा, "तो क्या मैं मर जाऊँ, साहब जी?" साहब ने दूसरा सवाल किया, "किसी को कुछ हुआ तो नहीं?" तब मैंने कहा, "हम तो ठीक हैं, पर ड्राइवर के बारे कुछ पता नहीं।" उन्होंने कहा, "ठीक है, बाहर कोई मत आना।"

कुछ देर बाद फायरिंग थम गयी। बाहर आकर हमने देखा, सब तरफ फॉस्फोरस के स्प्लिन्टर बिखरे पड़े हैं। कहीं अधूरे फटे गोले से धुआँ निकल रहा था। सारे ड्राइवर भी ठीक थे।

शीवर के पूरब की तरफ एक छोटा गाँव सा पॉकेट है। हमारी वहाँ आवाजाही रहती थी। आगे मैदान में नीम का एक बड़ा पेड़ है। यह पेड़ ही हमारा बार्डर है। उस पेड़ को देखकर मुझे अपने गाँव के विठ्ठल मन्दिर के सामने खड़े नीम के पेड़

की याद आ जाती।

विमल की पाठशाला छुड़ाने के बाद में उससे मिलना कम हो गया। विमल का घर टीले पर था। देशपाण्डे मास्टर स्कूल जाते तब मैं दुपहर में नीम के पेड़ पर चढ़ जाता। वहाँ से विमल को देखने की कोशिश करता। शाखाओं से होता हुआ पेड़ की चोटी पर पहुँच जाता। हवा चलती और शाखाएँ हिल जातीं, या मेरा पैर ही फिसल जाता तो नीचे गिरकर मैं चकनाचूर हो सकता था। मेरे पेड़ पर चढ़ जाने का सन्देशा तुक्या ने दिया था। वह उनके घर का नौकर था। विमल भी छत पर चली आयी। वह वहीं से हाथ हिला रही थी और मैं पेड़ से जवाब दे रहा था। आज बार्डर पर पेड़ की शाखाओं को झूलते हुए देख रहा हूँ। लगा, पेड़ ने हैण्डस् अप कर दिये हैं।

वातावरण साफ होने पर हमें पाकिस्तान में झेलम नदी का पाट दिखाई देता। मरिपूर शहर के दिये रात में दिखाई देते। झेलम नदी का पुल भी नज़र आता। हम सुबह उठकर तैयार हो जाते थे। यहाँ गेंदे के फूलों की भरमार थी। गेंदे के लाल-पीले फूलों को झूमते हुए देखकर मन बौरा जाता। सुबह चारों ओर फूल ही फूल खिले हुए। मैंने पास के एक पत्थर पर विमल का नाम उकेरा था। क्या आज भी वहाँ पर यह नाम बाकी होगा?

युद्ध विराम की खबर सुनकर खुशी हुई। युद्ध विराम के बावजूद बीच-बीच में फायरिंग जारी थी। घूसपैठिये युद्धविराम के बाद टुकड़ियों में पाकिस्तान लौट रहे थे। एक बार रात में दस बजे के आसपास एक तरफ से मशीनगन से फायर हुआ। हमें भरम में डालकर वे दूसरी तरफ से निकल जाते थे। फायरिंग की आवाज़ सुनते ही हम मोर्चे पर डट गये। हमारी बंदूकें आग उगलने लगीं। बारिश भी हो रही थी। बिजलियाँ चमक रही थी। सुबह देखा तो टीले पर एक मकान बरबाद हो गया था।

फिर कुछ दिनों बाद भारत सरकार ने चालीस दिनों की छुट्टी घोषित की। जो पहले छुट्टी पर नहीं गये थे, उन्हें छुट्टी पर भेजा गया। मैंने गन पोजीशन पर जाकर तनखा ले ली और छुट्टी पर चाला आया। चार्ज देकर, दलोग्रा पोजीशन पर किट वगैरा सामान जमा किया और रेलवे वारंट लेकर हम बीस-पच्चीस जवान छुट्टी पर निकल पड़े।

नौशेरा निकल गया। सुन्दर बनी की ऊँची चढ़ान पर बस जा रही थी। पहाड़ों की कतारें आकाश को चूमने के लिए होड़ लगा रही थीं। बादलों के सफेद, नीले, काले सफेद पहाड़ की चोटियों में चार चाँद लगा रहे थे। दर्रे के उस पार एक भेड़िया भागता हुआ दिखाई दिया। छुट्टी पर जाने की खुशी थी। लगता था कि कब गाँव पहुँचूँगा।

उस दिन रात में जम्मू ट्रांजिट कैम्प पर मुकाम किया। दूसरे दिन पठानकोट ट्रान्जिट कैम्प पर। रात साढ़े नौ के आसपास दिल्ली पहुँच गये।

दिल्ली स्टेशन आते ही मेरी आँखों में आनन्दाश्रुओं की झड़ी लगी। दिल्ली के

महिला मण्डलों ने फौजियों के लिए काफी सुविधाएँ जुटा दी थीं। हमने पाक के खिलाफ लड़ाई जीती थी। फौजियों के लिए उन्होंने चाय, नाश्ता, भोजन, कपड़ों धुलाई आदि की सुविधाएँ जुटाई थीं। बहनों का यह प्यार देखकर दिल भर आया।

मुम्बई रेलवे स्टेशन पर भी ऐसी ही सुविधाएँ थीं। यहाँ हमें मिठाइयाँ दी गयीं। जनता से माँ जैसा प्यार पाकर हमें बड़ी खुशी हो रही थी। राष्ट्र का गर्व तो जनता ही होती है। मुझे जनता माँ जैसी लगी। लड़ाई जीतने की सच्ची खुशी मुझे यहाँ मिल गयी।

मेरी बस गाँव की ओर सरपट जा रही थी। दो वर्षों बाद गाँव जा रहा था। कई यादों की भीड़ मन में लगी हुई थी। बेताब था कि कब घर पहुँचूँगा। अभी आधे घण्टे का सफर बाकी था। सड़कें कोलतार की बन गई थीं। बिजली के खम्भे नज़र आये। गाँव में बिजली आ गयी होगी। बस में काफी भीड़ भी। जवान के एक गाँव आने पर किसी को जरा भी कुतूहल नहीं था। दो-एक स्कूली बच्चे जरूर मेरी ओर देखते जा रहे थे। सरहद की जनता से हमें बेहद आदर मिला। लेकिन दूर की यह जनता सिविल पुलिस जितना भी सम्मान नहीं दे रही थी। इन्हें लड़ाई, राष्ट्र, आजादी, सेना, आदि के बारे में कब पता चलेगा? ये अनपढ़ लोग। नेमिनाथ के पिता मेरी और देख रहे हैं। उन्होंने मुझे पहचाना तो होगा। लेकिन बात नहीं की। उनके लिए मैं देश का जवान नहीं, महार का लौंडा ही था शायद।

बस से उतरा। गाँव जैसा था, वैसा ही था। स्कूल के बच्चे गणवेश में जा रहे थे। कुछ जाने-पहचाने लोग थे। उन्होंने मुझे देख लिया। जरा-सा मुसकुराने की कोशिश की। मैं अपना सामान लेकर घर की तरफ चल पड़ा। मेरे आने की खबर घर तक पहुँच चुकी थी। दादा और माँ दौड़ते हुए सामने आये। उन्होंने मेरा सामान उठा लिया। रास्ते में कई लोग मेरी पूछताछ करने लगे। घर पर भी लोगों की भीड़ थी। माँ ने सबके लिए चाय बना दी। तब तक श्रीकान्त और इन्दिरा भी स्कूल से आ चुके थे।

दूसरे दिन स्कूल में मेरे भाषण का आयोजन किया गया। मैं प्रधान अतिथि बनकर स्कूल गया। लड़ाई की घटनाएँ बतायीं। कइयों ने मेरे सम्मान में भाषण किये। देशपाण्डे मास्टरजी ने कहा, "मेरा एक छात्र सरहद गया, वहाँ उसने लड़ाई लड़ी, इसका मतलब मैं भी सरहद लड़ा।" उस दिन दादा और माँ को लगा कि अपनी इज़्ज़त बढ़ गयी। दादा मुझसे बेहद खुश थे। एक हफ्ते बाद नेमिनाथ से मिलने गया। शोलापुर शहर में सुधार हो गया था। कई सड़कें चौड़ी हो गयी थीं। कई जगहों पर नये भवन बन गये थे। शहर का विस्तार हो चुका था। उस दिन नेमिनाथ के साथ 'काजल' फिल्म देखी। शाम को मनोज लॉज पर मुकाम किया। रात में रूपा से मिलने गया। रुपा राणू बुआ की बेटी थी। उसे भीमनगर में ब्याहा गया था।

रुपा का पति सुधाकर भी फौजी था। लड़ाई में पेट में गोली घुस जाने से उसे

रिटायर कर दिया गया था। मैं रुपा के घर गया। वह छोटे बच्चें को खिला रही थी। मुझे देखकर उसे बड़ी खुशी हुई। कुछ देर बाद सुधाकर आ गया। उसने ठर्रा चढ़ाया हुआ था। उस पर काफी कर्ज चढ़ा हुआ था। अहाते में आते ही उसने रुपा को गालियाँ देना शुरू किया। रुपा ने बाहर जाकर मेरे आने की खबर दी। वह अंदर चला आया। प्यार से मुझे सीने से लगाया। उसके मुँह से शराब की तेज़ बू आ रही थी। वह एक ही वाक्य में हिन्दी, अंग्रेज़ी और मराठी के शब्दों को ठूँसकर बोल रहा था।

रुपा बता रही थी कि सुधाकर ने उसे कल भी पीटा था। सरकार से जो जमीन मिलने वाली थी, वह अभी तक नहीं मिली है। बैंक में चपरासी की नौकरी के लिए अर्जी दी है, लेकिन वहाँ भी इन्तजार करने के लिए कहा गया। सुधाकर की हालत देखकर फौजी जीवन से मेरा भरोसा ही उड़ गया। मैंने चाय ले ली। रुपा से विदा ली। सुधाकर मुझे छोड़ने चौराहे तक आ गया। वह डगमगा रहा था। उसने मुझे दस रुपये माँग लिये। मैंने दे दिये और रिक्शे में बैठकर मनोज लॉज लौट आया। सिद्धण्णा मुझसे मिलने के लिए काफी देर से राह देख रहा था।

रात का भोजन लॉज पर ही किया। फिर 'मेरा गाँव मेरा देश' फिल्म देखी। सिद्धण्णा लॉज पर ही रहा। रात-भर बातें करते रहे। विमल के बेटा हुआ था। पति के साथ उसकी अनबन थी। बाज़ार में सिद्धण्णा से उसकी मुलाकात हो गयी थी। इतने दिनों बाद भी उसने मुझे याद किया था।

रात में काफी देर तक विमल का चेहरा आँखों के सामने से हटने का नाम नहीं ले रहा था। विमल की बड़ी-बड़ी आँखें, सुन्दर नासिका, मुग्ध भाव से मुस्कुराना। उसकी कई बातें याद करने लगा। भगवान से प्रार्थना की कि यह मेरे सपने में आ जाये, और फिर सो गया।

सपने में फायरिंग हो गयी और मैं घायल। डरावने सपने से मैं जाग उठा और फिर सो नहीं सका। मुझे अशोक की याद आ गयी। उसकी भी शादी हो चुकी थी। अब उसकी जवान विधवा का क्या होगा? रुपा की याद आ गयी और उसके पति सुधाकर की भी।

हाईस्कूल में मैंने जो भाषण दिया था, वह याद आ गया। माँ मांस पका रही थी। श्रीकान्त पढ़ रहा था। इन्दिरा पानी ला रही थी। दादा बहन के पास गये थे। लौट आये। आसपास के रिश्तेदार मुझसे मिलने आ रहे थे, इसलिए घर में आने-जाने वालों का ताँता लगा था। दादा ने कुछ और ही प्लान बनाया था। उन्होंने मेरी शादी तै की। छुट्टी तमाम होते-होते दादा से शादी की बात पर बहस छिड़ गयी। मैं मिलेट्री में हूँ, फिर शादी करके बीवी को घर लाकर क्यों रखूँ! मुझे राणू बुआ की बात याद आ गयी। उसने कहा था, मिलेट्री वालों को लड़की नहीं देना। कसाई का कलेजा होता है उन लोगों में। मुझे रुपा की यातनाओं की याद आ गयी। रुपा के शब्द याद

आ गये। मैं अपनी बेटी को फौजी को नहीं दूँगी। जवानी को आग लगाते हुए कौन जिये? मुझे अशोक थोरात की बीवी की याद आ गयी। मैंने शादी करने से पक्का इनकार कर दिया।

छुट्टी तमाम हो गयी।

मैं यूनिट हाज़िर हो गया।

हमारे पॉकेट के नीचे की तरफ खेल का एक मैदान है। लड़ाई के पहले भारत-पाक के बीच वालीबॉल, फुटबाल, हॉकी वगैरा के मैच हुआ करते थे। लड़ाई के कारण बंद हो गये थे। हमारी इन्फन्ट्री के अधिकारियों और जवानों ने पाक सेना के साथ फिर से मैच खेलने की बात सोची। बातें पक्की करने के लिए हम निकल पड़े। मास्टर, बनसोडे साहब, मैं और अन्य फौजी साथ में थे। पैरों में बूट-पैण्ट और सिर पर कैंप नहीं थी। हमें सिविलियन की तरह जाना पड़ता था।

बोर्डर के पास वाले बंकर पहुँचने पर सफेद झण्डी लहरा दी। कुछ देर बाद पाक फौज ने भी सफेद झंड़ी लहरा कर आगे बढ़ने का संकेत दिया। उसके अनुसार हम आगे बढ़ गये। वहाँ चाय पानी हो गया। फिर अधिकारियों में बातचीत होती रही। मैं बाहर घूमने निकला। आसपास खेती थी। एक टीला था। उस पार एक मकान था। मैं इधर उधर देखता हुआ जा रहा था कि उस मकान से एक हसीना बाहर आ गयी। मेरी हरी ड्रेस देखकर उसने पूछा,

"क्या आप हिन्दुस्तानी हैं?"

"जी हाँ!"

"आइए। आइए।"

उसने मुझे आने के लिए कहा तो मैं डर गया। याद आया कि बॉर्डर पार दुश्मन का देश है। अजनबी हसीना के बुलाने पर जाने की हिम्मत नहीं हुई। मैंने कहा, "ठहरिए, वहाँ पोस्ट पर हमारा आदमी है, उसे बुलाता हूँ।" वापस आकर टेम्बे मास्टर को साथ ले आया। उस हसीना ने हमें चारपाई पर बैठने के लिए कहा। वहाँ से हमारा पॉकेट नजर आ रहा था।

उसने अपना नाम सलमा बताया। साथ मे उसकी बूढ़ी माँ थी। उसने बताया कि उसका बड़ा भाई पाक मिलेट्री में है। उन पर ढाये जुल्मों की कहानी उसने सुनादी। "हमारी और आपकी क्या दुश्मनी है। दुश्मनी है सिर्फ दो सरकारों की।" सलमा की बात सुनकर उस पर प्यार आ गया। वह हसीन भी थी और बुद्धिमती भी। बातों में मिठास।

"जब लड़ाई शुरू हुई तो आप लोग कहाँ गये?" मैंने पूछ लिया।

"कहाँ जायेंगे। यहीं रहते थे।"

"जब हमारी फायरिंग होती थी, तब?"

"उस वक़्त हमें अंदर के कमरे में जाना पड़ा। यह देखिए।" उसने हमें वह

कमरा दिखा दिया। देखकर हम चकित रह गये कि अंदर मोर्चे बने हुए थे।

मैंने कई बार इस घर को निशाना बनाया होगा।

कुछ देर तक हम बातें करते रहे।

सलमा हमारे लिए नीबू का शरबत ले आयी। हमने गिलास हाथों में तो ले लिये लेकिन पीने की हिम्मत नहीं हो रही थी। सलमा ने भाँप लिया। वह समझदार थी। उसने कहा, "ठहरिए, मैं एक और गिलास ले आती हूँ।" दूसरा गिलास लाकर उसने हमारे गिलासों से थोड़ा थोड़ा शरबत अपने गिलास में डाल लिया और हमारे सामने उसे पी लिया। उसने कहा, "अब तो आपका शक दूर हो गया?"

हम शर्मिंदा हो गये।

हमने शरबत पी लिया। जाते वक़्त उसने मुझे अपनी एक पासपोर्ट साइज फोटो दें दी। फिर आने पर मेरी फोटो ले आने को कहा।

कुछ दिन बीत गये। सलमा को देने के लिए मेरे पास फोटो नहीं थी। फिर मुझे दूसरी पोज़ीशन पर भेजा गया। सितम्बर-अक्तूबर में बॉर्डर सुनसान हो गया। वहाँ से हमें फरीदकोट जाना था। सारा सामान पैक करने के लिए दो-ढाई महीने बीत गये।

आखिर जाने का दिन आ गया। एक दिन पहले ही हमने अपना सामान गाड़ियों में भरकर उन्हें हॉकी ग्राउंड पर लाइनअप कर दिया था। सुबह उठकर हम चल पड़े। हर पल कीमती लग रहा था। हर इंच भूमि मूल्यवान लग रही थी। हर तरफ हरियाली की हरी गन्ध फैली हुई थी। इस प्रदेश से विदा लेते हुए दुख हो रहा था। हम फिर कभी इस तरह आने वाले नहीं थे। कदम भारी हो गये थे। हमारी यूनिट ने इस प्रदेश के लिए बड़ा त्याग किया था।

हमारी गाड़ियाँ मेढ़ार, राजौरी, सुन्दरबनी पार करती हुई जा रही थीं। चारों ओर नयन मनोहर प्राकृतिक सौन्दर्य झुकझुककर आदाब कर रहा था। सलमा से फिर मिलना नहीं हुआ, इस बात की चुभन थी।

चौरी चौराई की बड़ी चढ़ान चढ़कर ऊपर आ गये। मैदान में रुक कर चाय-नाश्ता ले लिया। आखनूर, माधवपुर ब्रिज को पारकर जम्मू शहर में आ पहुँचे। आखिर पठान कोट आ गये। शाम के पाँच बजे होंगे। रिसेप्शन की चाय हो गयी। हम अपनी बैरकों में चले गये। धूप काफी थी। लेकिन जगह अच्छी थी।

पंजाब की कड़ी धूप के दिन। हवा बदल जाने से मैं बीमार हो गया। शाम को बुखार बढ़ गया। मुझे मेडिकल अस्पताल में दाखिल किया गया। एक लेडी डॉक्टर ने जाँच की। मुझे एअर कंडिशंड रूम में भेजा गया। मेरे साथ गनर चौधरी भी थे। मुझे तीन इंजेक्शन और नींद की गोलियाँ दी गयीं। इससे मुझे अच्छी नींद आ गयी। वहाँ की नर्स अच्छी थी। उसमें मेरे लिए ममता का भाव था। वहाँ की लायब्रेरी से मैंने दो-तीन मराठी उपन्यास लेकर पढ़े। चौधरी की पत्नी दो-तीन दफे मिलने आयी

थी।

तीन दिन बाद मुझे डिसचार्ज दिया गया। मुझे नर्स को शुक्रिया कहना था, लेकिन उसकी ड्यूटी खत्म हो गयी थी।

शनिवार छुट्टी का दिन। 'शागिर्द' फिल्म देखी।

इतवार को घर को चिठ्ठी लिख दी।

मंगलवार नोमिनाथ की चिठ्ठी आ गयी। उसके लड़की हुई थी। गुरुवार को पक्की स्कीम शुरू हो गयी। एक दिन पहले हमने गन पोज़ीशन से जगह निश्चित कर ली थी। गन पोज़ीशन से ओ.पी. हर लाइन रात के खोद डाली। कड़ाके की सर्दी थी। डिगिंग करते वक़्त उँगलियाँ ऐंठ जाती थीं। खोदते या मिट्टी निकालते वक़्त पेट की अन्तड़ियाँ एक हो जातीं। सुबह कैम्प आ गये। मुँह धोने के लिए पानी हाथ में लिया तो हाथ झनझनाने लगा। कुछ भी न करने को जी चाह रहा था, लेकिन क्या करते।

हमने शहर के पास गुरु नानक कालिज के अहाते में एक पेड़ पर ओ.पी. पोज़ीशन आक्युपाय की थी। कालिज के छात्र, प्रध्यापक आदि देख जाते। एक्सरसाइज पूरे ग्रुप का होता था।

सिलिगुड़ी न्यूसाल क्षेत्र में एक पूरी कोर है। यहाँ से चीन और बंगला देश की सरहद नजदीक है। चाय के बागानों से प्रकृति सुन्दर बनी है। दार्जीलिंग रमणीय स्थान है। यहाँ से प्रातः कांचन गंगा के शिखर पर सूरज की किरणें देखी जा सकती है। इतवार को सिलिगुड़ी शहर देख लिया। न्यू हाऊस सिनेमा गृह में 'हमराज' फिल्म देखी। शाम को यूनिट में लौट आया।

7 मार्च 1970 शनिवार के दिन शाम को छुट्टी की तनखा पाँच सौ अस्सी रुपये ले ली। तब पता चला कि हमारी यूनिट एक महीने बाद 'सलामी पोज़ीशन' को जाने वाली है। मैं तो कल तड़के ही छुट्टी पर जाने वाला था। दुख हुआ कि फिर इस प्रदेश को देख नहीं पाऊँगा।

8 मार्च 1970 को प्रातः दो बजे उठकर तैयार हुआ। लेदर बैग ऑफिस के सामने वाली सड़क पर ले आया। तब तक गाड़ी भी आ गयी। छुट्टी का सफर शुरू हो गया। गाड़ी आर.पी. गेट के सामने आ गयी। गाड़ी का पंजीकरण हुआ। गाड़ी न्यूमला जंक्शन की ओर चल पड़ी। साढ़े पाँच बजे आसाम मेल। बरौनी में ट्रेन बदली। एटीफाइव आसाम मेल से मुगलसराय। वहाँ से कलकत्ता-मुम्बई एक्सप्रेस से मुम्बई पहुँच गया। 10 मार्च 1970 मंगलवार शाम साढ़े छह बजे शोलापुर। कुछ और देर हो जाती तो माँ मजदूरी के काम पर चली जाती।

दादा और माँ ने शादी पक्की की थी। रुपा ने यह योजना बनाई थी। लड़की शोलापुर की थी। चौदह अप्रैल आम्बेडकर जयन्ती का मुहूरत था। शादी शोलापुर में ही होने वाली थी। कन्या के घरवालों को मैं पसन्द था। उन लोगों ने मेरी फोटो देख

ली थी। मैं इनकार न करूँ, इसलिए दादा ने मुझे जान-बूझकर ही कुछ नहीं बताया था। मुझे लड़की की तस्वीर दिखा दी। मुझे सलमा की फोटो की याद आ गयी। वह फोटो टेम्बे मास्टर के पास थी।

छुट्टी आराम से गुजर गयी।

सिद्धण्णा की शादी भी इसी मौसम में होन वाली थी। मेरा हम उम्र नेमिनाथ बाप बन गया था। रूपा और विमल माँ बन गई थीं। अब मेरा नम्बर था।

टेम्बे मास्टर की आज चिठ्ठी आ गयी। सोलापुर के लोग शादी की बात करने आ गये। शादी पक्की हो गयी। उन लोगों के साथ रूपा और सुधाकर भी आये थे।

चौदह अप्रैल के दिन मेरी शादी बौद्ध विधि से सम्पन्न हो गयी। शादी में नेमिनाथ और सिद्धण्णा आये हुए थे। उस्मानाबाद से महबूब मुल्ला भी आया था। विमल कहीं दिखाई नहीं दी। मेरी पत्नी सुमन सुन्दर थी। सुमन के बाल सलमा जैसे ही लम्बे और काले थे। लेकिन दोनों के चेहरे काफ़ी अलग थे। विमल सुमन से कुछ ज्यादा गोरी है।

फिर हम गाँव चले गये।

महार बस्ती के जवानों का इरादा था कि हमारी बारात निकाले। गाँव वालों ने मना किया। अब तक किसी भी महार की बारात गाँव में नहीं निकली थी। हम बारात को जाने नहीं देंगे। शोलापुर के लोग ताव में आ गये। उन्होंने कहा, जो होगा सो देखा जायेगा। हम बारात जरूर निकालेंगे। मैंने बारात का विरोध किया। कहा अपने बौद्ध धर्म में बारात का विधान नहीं है। सबने मान लिया। मैं नहीं चाहता था कि मामूली बात से गाँव में दुश्मनी पैदा हो।

छुट्टी खत्म होने लगी।

बाईस अप्रैल। बाबासाहब आम्बेडकर की मूर्ति का बड़ा जुलूस निकाला। जुलूस देखने हम शोलापुर चले आये। चिलचिलाती धूप। लम्बा जोश भरा जुलूस। तरह तरह के बाजे। 'जय भीम' के जयघोष से सारा वातावरण गूँज रहा था। नौजवान नाच रहे थे। औरतें-लड़कियाँ सजधजकर जुलूस में शामिल हो गयी थी। जुलूस में जोश और उमंग भरा हुआ था। एक एक चौराहा पार करता हुआ जुलूस शहर के बीच आ गया। तभी सहसा पथराव शुरू हो गया। एक पल में माहौल बदल कर दंगा फैल गया।

आगजनी, पथराव, मारकाट को काबू में करने के लिए पुलिस ने शहर में कर्फ्यू लगा दी।

मेरे ससुर के मकान पर भी पत्थर गिरे। सब लोग घबरा गये थे। सुमन डर के मारे काँप रही थी। मुझे सलमा की और उसके घर में बने मोर्चों की याद आ गयी। मुझे घर मोर्चे जैसा लगने लगा।

कुछ देर बाद सुधाकर आ गया। उस पर काफी मार पड़ी थी। वह पिये हुआ

था। और बड़बड़ा रहा था, "मेरे यार, क्यों डरता है? गाण्डू की औलाद है क्या? अरे मैं लड़ा हूँ। गोली खाई है मैंने। उसके सामने यह दंगल क्या चीज है? भीमा, भारत-पाक के विभाजन के वक़्त कैसे दंगे हुए थे, जानता है? अरे तब हमने हज़ारों मुसलमानों को पाकिस्तान सुरक्षित पहुँचा दिया और पाकिस्तान से हज़ारों हिन्दुओं को अपने देश ले आये। मुझे तीन मेडल मिले हैं। हम गोली को डरता है?" सुधाकर का बड़बड़ाना लोगों के लिए शराबी का बड़बड़ाना था, लेकिन मैं उसकी भाषा को समझ रहा था। उसकी पीड़ा को जान रहा था। हम अपनी ही बस्ती पर कितना असुरक्षित महसूस कर रहे हैं! क्या हम बार्डर पर रहते हैं?

दो दिन बाद दंगा शान्त हो गया। छुट्टी खत्म हो गयी।

रेलवे स्टेशन पर विदा के लिए माँ, दादा, श्रीकान्त, इन्दिरा, सास, ससुर, सुमन, सुधाकर, रूपा, राणू बुआ कितने ही लोग पधारे थे। मैं यूनिट पर हाजिर होने निकल रहा था। स्टेशन मुझे सूना-सूना लगने लगा। लड़ाई जीतकर आया था। तब मुम्बई स्टेशन पर कैसा शानदार स्वागत हुआ था। मेरे देश की जनता ने मेरा कितना बड़ा सम्मान किया था।

आज मैं अपने सगे-सम्बन्धियों को दंगाग्रस्त शहर में छोड़कर जा रहा हूँ तो मेरा मन दहशत से भरा हुआ है। इतनी फायरिंग हुई, लेकिन कभी इतना नाउम्मीद नहीं हुआ था। मैं अपनी माँ, बहन, बीवी को किस दुश्मन के प्रदेश में छोड़कर जा रहा हूँ? ये कैसा माइन फील्ड है? मुझे सलमा की कहानियाँ याद आ गयी। कुछ साहस बंध गया। ऐसी सलमा अकेली तो नहीं है।

हम राष्ट्र की सरहद पर लड़ रहे हैं।

दंगाई जाति-धर्म की सरहद पर लड़ रहे हैं।

सुमन, सलमा, विमल भी तो सरहदें हैं।

सुमन को सुरक्षित रहना होगा। सलमा को सुरक्षित रहना होगा। विमल को सुरक्षित रहना होगा। तो फिर हमें अपनी सरहदों को भी बदलना होगा।

मैं मुम्बई स्टेशन पर उतर पड़ा।

अब आगे जाने वाली गाड़ी को पकड़ना होगा।